Themen neu

Lehrwerk für Deutsch als Fremdsprache

Kursbuch 2

von
Hartmut Aufderstraße
Heiko Bock
Jutta Müller
und Helmut Müller

Max Hueber Verlag

Piktogramme

Hör-Sprech-Text auf Kassette/CD

3 (CD1, Nr. 3)

Hörtext auf Kassette/CD

4 (CD1, Nr. 4)

Lesen

Schreiben

§ 8
Hinweis auf die Grammatikübersicht im Anhang (S. 130 – 149)

Verlagsredaktion: Werner Bönzli
Layout und Herstellung: Erwin Faltermeier
Illustrationen: Joachim Schuster, Baldham; Ruth Kreuzer, London
Umschlagfoto: © Eric Bach / Superbild, München

Dieses Werk folgt der seit dem 1. August 1998 gültigen Rechtschreibreform. Ausnahmen bilden Texte, bei denen künstlerische, philologische oder lizenzrechtliche Gründe einer Änderung entgegenstehen.

€ 3. 2. 1. | Die letzten Ziffern bezeichnen
2006 05 04 03 02 | Zahl und Jahr des Druckes.
Alle Drucke dieser Auflage können, da unverändert, nebeneinander benutzt werden.
3. Auflage 2002

Satz: ROYAL MEDIA Publishing, Ottobrunn
Druck: Appl, Wemding
Buchbinderische Verarbeitung: Ludwig Auer GmbH, Donauwörth
Printed in Germany
ISBN 3-19-001522-8

Lösungen

Seite 9, Übung 4 1 Peter, 2 Klaus, 3 Hans, 4 Uta, 5 Brigitte, 6 Eva
Seite 9, Übung 5 Peter und Brigitte, Klaus und Uta, Hans und Eva

Seite 37, Übung 1
A: Aerobics, 1.50, RTL; B: Mini-Playback-Show, 15,55, RTL; C: Abenteuer Mount Everest, 20.15, ARD; D: Bilder aus Österreich, 18.00, 3 Sat; E: Zirkusnummern, 15.00, ZDF; F: L.A. Law, 22.45, RTL

Seite 103, Politik-Quiz:
1 b, 2 a, 3 a, 4 b, 5 c, 6 b, 7 c, 8 a (2000)

Inhalt

Vorwort

Auch in diesem zweiten Band der Neubearbeitung von Themen findet man – neben Dingen, die sich bewährt haben und die deshalb unverändert geblieben sind – neue Texte und Situationen, neue Übungen zur Erarbeitung der Fertigkeiten Hören, Lesen und Schreiben in kleineren Schritten als bisher, sowie eine systematische (nicht mehr lektionsweise) Übersicht über den Grammatikstoff des ganzen Buchs.

Die Themen der einzelnen Lektionen wurden beibehalten, in vielen Fällen wurden aber andere Aspekte des Themas angesprochen. Die Progression der grammatischen Strukturen hat sich in der bisherigen Ausgabe von „Themen“ bewährt; sie wurde deshalb in den wesentlichen Zügen übernommen.

Den Abschluss jeder Lektion bilden wiederum kurze Texte, die von der alltagspraktischen Verwendung der Sprache wegführen und Beispiele für spielerischen, witzigen und ironischen Sprachgebrauch bieten. Diese Seiten enthalten keinen Lernstoff im engeren Sinne der Lehrwerksprogression; ihr Zweck liegt darin, die Lernenden zu einem sinnvollen Umgang auch mit belletristischen Texten hinzuführen.

Zu diesem Kursbuch gehört ein Arbeitsbuch. Während die Lernschritte im Kursbuch in der Gruppe, also während des Unterrichts bearbeitet werden sollten, können die Übungen im Arbeitsbuch von jeder und jedem Lernenden auch allein, außerhalb der Unterrichtszeit, gemacht werden. Darüber hinaus stehen weitere zusätzliche Materialien zur Verfügung.

Wir wünschen Lernenden und Lehrenden mit diesem Lehrwerk einen erfolgreichen und anregenden Unterricht.

Autoren und Verlag

Lektion 1

hübsch
hässlich
fröhlich
traurig
dünn
dick
Brille
Hut
Bluse
Hemd
Kleid
Hose
Rock
Strümpfe
Schuhe
blond
schwarzhaarig

1 Drei Ehepaare

1. Wie sehen die Personen aus?

Peter ist klein und dick. Er ist schon ziemlich alt. Ich glaube, er ist etwa … Jahre alt.

Hans ist …

alt jung blond dünn schlank klein groß schwarzhaarig dick langhaarig

2. Wie finden Sie die Personen?

Brigitte sieht hübsch aus, finde ich.

Ich finde, Hans sieht sehr intelligent aus.

Eva …

nett sympathisch ruhig dumm hässlich attraktiv nervös schön unsympathisch gemütlich lustig komisch hübsch freundlich traurig intelligent langweilig

§ 8

3. Vergleichen Sie die Personen.

a) Vergleichen Sie:

Peter und Hans	Eva und Uta
Klaus und Peter	Brigitte und Eva
Hans und Klaus	Uta und Hans
Uta und Brigitte	Eva und Klaus

Hans ist jünger als Peter.

Peter ist kleiner als Hans.

Klaus ist etwa so groß wie Peter.

Brigitte ist viel größer als Uta.

…

größer als
so groß wie

b) Wer ist am größten, kleinsten, jüngsten …?

Ich glaube, Peter ist am ältesten.
Brigitte ist am …

4. Wer ist wer?

a) Die Personen stellen sich vor. Hören Sie die Kassette und ergänzen Sie die fehlenden Informationen.

1

b) Was glauben Sie: Wer ist wer? Diskutieren Sie Ihre Lösung im Kurs.

62 Jahre __ kg 165 cm Clown	__ Jahre 88 kg 168 cm Koch	30 Jahre 69 kg __ cm Pfarrer	42 Jahre __ kg 160 cm Sekretärin	__ Jahre 54 kg 176 cm Fotomodell	38 Jahre __ kg 164 cm Psychologin
________	________	________	________	________	________

Lösung S. 160

5. Die Personen auf dem Foto sind drei Ehepaare.

Was glauben Sie, wer ist mit wem verheiratet? Lösung S. 160

6. Haben Sie ein gutes Gedächtnis?

Sehen Sie die drei Bilder eine Minute lang genau an. Lesen Sie dann auf der nächsten Seite weiter.

§ 5

Hier sehen Sie Teile der Gesichter. Was gehört zu Bild A, was zu Bild B und was zu Bild C?

rund C____

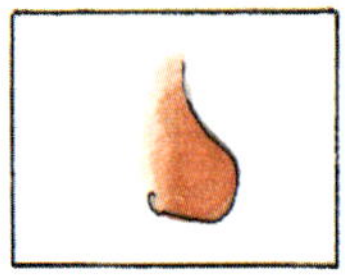
groß ____

groß ____

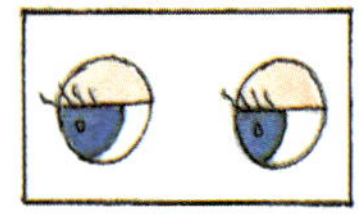
blau ____

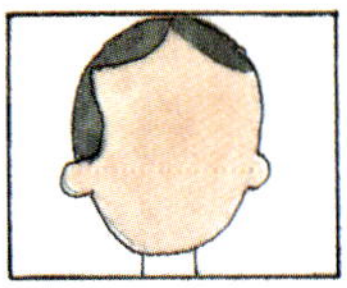
oval ____

klein ____

klein ____

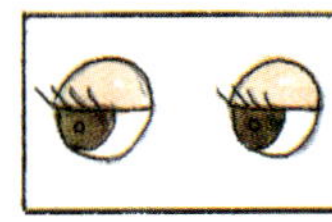
braun ____

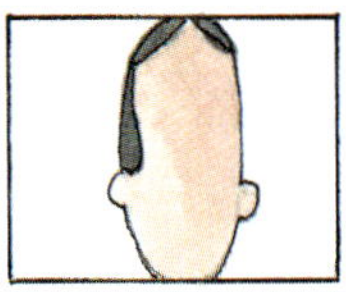
schmal ____

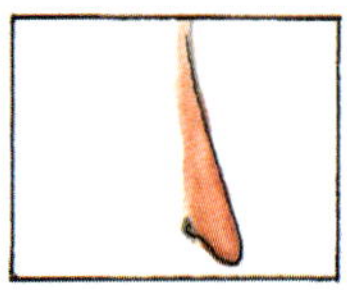
lang ____

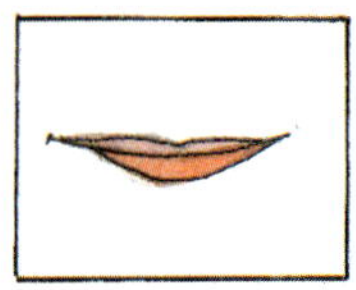
schmal ____

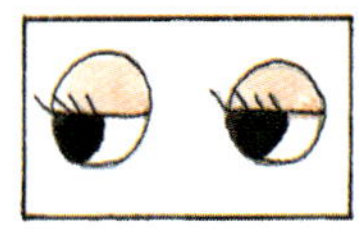
schwarz ____

Nominativ

der	kleine	Mund
die	kleine	Nase
das	kleine	Gesicht
die	kleinen	Augen

Das runde Gesicht, die große Nase, der kleine Mund und die blauen Augen sind von Bild …

Ich glaube, das runde Gesicht ist von Bild …

Ich glaube, die blauen Augen sind …

7. Familienbilder

a) Was hat der Sohn vom Vater, was hat er von der Mutter?

Den langen Hals und den großen Mund hat er von der Mutter.
Die große Nase hat er vom Vater.
Das schmale Gesicht hat er von der Mutter.
Die kurzen Beine und die dicken Arme hat er vom Vater.
Den dicken …
Die …

b) Und was haben die Kinder hier von Vater und Mutter?

§ 5

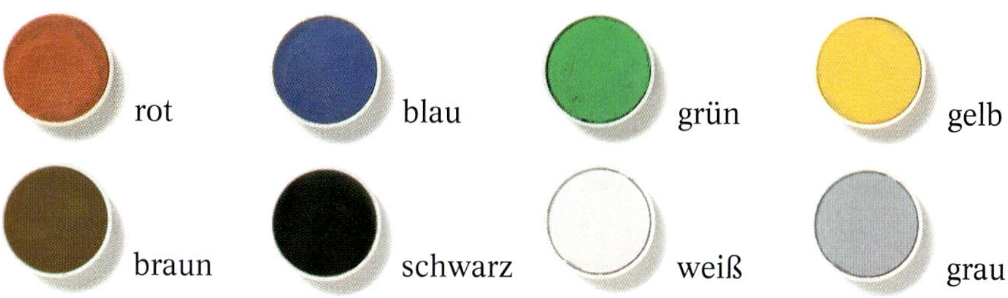

Akkusativ

den	kleinen	Mund
die	kleine	Nase
das	kleine	Gesicht
die	kleinen	Augen

8. Der neue Freund

a) Hören Sie zu. Was ist richtig?

Der neue Freund von Helga
- ☐ war Evas Ehemann.
- ☐ war Evas Freund.
- ☐ ist Evas Freund.

b) Was sagen Anne und Eva? Unterstreichen Sie die richtigen Adjektive.

Anne sagt: Der neue Freund von Helga ist …
sehr dumm / attraktiv / nett / unsportlich / ruhig / freundlich.

Eva sagt: Er ist …
intelligent / groß / dick / klein / nervös / elegant / sportlich.

2

2 Dummme Sprüche? Kluge Sprüche?

3

Eine rothaarige Frau hat viel Temperament.
Reiche Männer sind meistens langweilig.
Eine schöne Frau ist meistens dumm.
Ein kleiner Mann findet schwer eine Frau.
Dicke Kinder sind gesünder.
Dicke Leute sind gemütlich.
Ein schöner Mann ist selten treu.
Kleine Kinder, kleine Sorgen – große Kinder, große Sorgen.
Eine intelligente Frau hat Millionen Feinde – die Männer
Ein voller Bauch studiert nicht gern.
Stille Wasser sind tief.
Ein bescheidener Mann macht selten Karriere.

9. Stimmt das?

Das	finde glaube meine	ich	nicht. auch.

In meinem Land Bei uns	sagt man: ...

Das ist doch	nicht wahr. nicht richtig. Unsinn. ein Vorurteil.

10. Was meinen Sie?

Nominativ

ein	reicher	Mann
eine	reiche	Frau
ein	reiches	Mädchen
–	reiche	Leute

Eine gute Freundin ist ...

Junge Kollegen sind ...

Ein netter Chef ...

§ 5

Ein Eine	nett... blond... schlank... hübsch... jung... verheiratet... ledig... neu.. ...	Freundin Chef Chefin Mensch Kollege Kollegin Mutter Lehrer Nachbar ...	ist sind	immer meistens oft manchmal selten nie	lustig. nett. gefährlich. freundlich. intelligent. interessant. komisch. ...

Der Modetipp

Leserinnen finden ihren Stil

vorher

So ist Anke Hansen (28, Postangestellte) zu uns gekommen: lange Haare, runde Brille, dezente Kleidung. Wir waren der Meinung: Anke hat zu wenig Mut zur Farbe. Der dunkle Rock und die braune Jacke sind zu konservativ für die sympathische junge Frau. Auch die langweilige Frisur steht ihr nicht.

nachher

So gefällt uns Anke viel besser: Sie hat einen kurzen modischen Rock gekauft, dazu eine rote Strickjacke und rote Strümpfe. Jetzt trägt sie keine Brille mehr, sondern weiche Kontaktlinsen. Durch die kurze Frisur und ein dezentes Make-up wirkt Ankes Gesicht jünger und freundlicher.

11. Wie hat Anke vorher ausgesehen? Wie sieht Anke jetzt aus?

Vorher hatte Anke lange Haare, jetzt hat sie kurze Haare.

Vorher hatte Anke einen langen Rock, jetzt trägt sie ...

Akkusativ

einen	weißen	Rock
eine	weiße	Bluse
ein	weißes	Kleid
–	weiße	Schuhe

§ 5

die Jacke, die Haare, die Schuhe, die Strickjacke, die Kontaktlinsen, die Brille, die Bluse, das Make-up, die Strümpfe, die Kleidung, die Frisur, der Rock

weich, rot, hellrot, kurz, rund, dezent, dunkelbraun, jung, gelb, blond, blau, weiß, lang, sportlich

12. Wer ist das?

○ Er trägt einen schwarzen Anzug, ein weißes Hemd, eine blaue Krawatte und schwarze Schuhe. Wer ist das?
□ Das ist Peter. –
Sie trägt einen blauen Rock, eine gelbe … Wer…?
△ Das ist…

13. Was für ein…?

Was für	einen	Anzug
	eine	Hose
	ein	Kleid
Was für		Schuhe

○ Was für einen Anzug trägt Peter?
□ Einen schwarzen. –
Was für Schuhe trägt Brigitte?
△ Blaue. –
Was für…

14. Welche Kleidungsstücke passen zusammen?

○ Der schwarze Anzug, das weiße Hemd, die graue Krawatte und die schwarzen Schuhe.

□ Die graue Hose, …

15. Was ziehen Sie an?

a) Sie möchten zur Arbeit ins Büro gehen.

○ Was ziehen Sie an?
□ Den roten Rock, die weiße …, …

b) Sie möchten im Winter spazieren gehen.
c) Sie möchten zu Hause im Wohnzimmer sitzen und fernsehen.
d) Sie möchten zu einer Hochzeit gehen.

16. Hören Sie die drei Dialoge. Über welche Personen sprechen die beiden? Markieren Sie die Personen in der Zeichnung.

17. Spielen Sie jetzt ähnliche Dialoge. Sie können folgende Sätze verwenden.

○ Kennst du	den Mann die Frau	da? Wer ist das?	
Wer ist das da? Weißt du das?			
□ Wen Welche Frau Welchen Mann Welche Person	meinst du?		
○ Den	kleinen …	Mann	in der blauen Hose und dem weißen Hemd. in dem schwarzen Rock und der roten Bluse. mit den roten Haaren. / mit … Brille. / …
Die	schlanke …	Frau	
□ Ach	den die	meinst du. Das ist	Cornelias Bruder. / eine Tante von Dieter. / der Vater von Cornelia. / …
○ Kennst du	ihn? sie?		
□ Ja,	er sie	ist	sehr nett. …

4

Der Psycho-Test Sind Sie tolerant?

Punkte

1. Sie gehen im Park spazieren und sehen dieses Liebespaar. Was denken Sie?

a) Diese alten Leute sind doch verrückt! ☐ 0
b) Wunderbar. Liebe ist in jedem Alter schön. ☐ 2
c) Gut, aber müssen das alle Leute sehen? ☐ 1

2. Bei diesen Leuten macht der Mann die Hausarbeit. Was meinen Sie dazu?

a) Wo ist das Problem? ☐ 2
b) Dieser arme Mann! ☐ 0
c) Diese Frau hat wirklich ein schönes Leben. ☐ 1

3. Sie sehen dieses Kind in einem Restaurant. Was denken Sie?

a) Manche Eltern können ihre Kinder nicht richtig erziehen. ☐ 0
b) Alle Kinder essen so. ☐ 1
c) Essen muss jeder Mensch erst lernen. ☐ 2

4. Dieser Mann ist der Englischlehrer Ihrer Tochter. Was denken Sie?

a) Das ist jedenfalls gesünder als Autofahren. ☐ 2
b) In jedem Mann steckt ein Kind. ☐ 1
c) Dieser Mann ist sicher kein guter Lehrer. ☐ 0

5. Sie stehen an der Bushaltestelle. Da sehen Sie diesen Wagen. Was sagen Sie zu Ihrer Freundin?

a) Dieser Wagen braucht doch sicher viel Benzin. ☐ 1
b) Manche Leute haben zu viel Geld. ☐ 0
c) Vielleicht ist die Frau privat ganz nett. ☐ 2

6. Ihre Nachbarn feiern bis zum Morgen. Es ist sehr laut. Was tun Sie?

a) Ich rufe die Polizei an. ☐ 0
b) Ich lade Freunde ein und feiere auch. ☐ 2
c) Ich gehe in ein Hotel. ☐ 1

§ 1

Artikelwörter

Singular		Plural	
der	Mann	die	Männer
dieser		diese	
mancher		manche	
jeder		alle	

Ergebnis

0 bis 4 Punkte
Sicher sind Sie ein ehrlicher, genauer und pünktlicher Mensch, aber Sie haben starke Vorurteile. Sie kritisieren andere Menschen sehr oft.

5 bis 8 Punkte
Sie sind ein angenehmer Mensch, aber Sie sind nicht wirklich tolerant. Viele Probleme sind Ihnen egal.

9 bis 12 Punkte
Sie sind sehr tolerant. Sicher haben Sie viele Freunde, denn Sie sind ein offener und angenehmer Typ.

Kein Geld für Irokesen

Ein junger Arbeitsloser in Stuttgart bekommt vom Arbeitsamt kein Geld. Warum? Den Beamten dort gefällt sein Aussehen nicht.

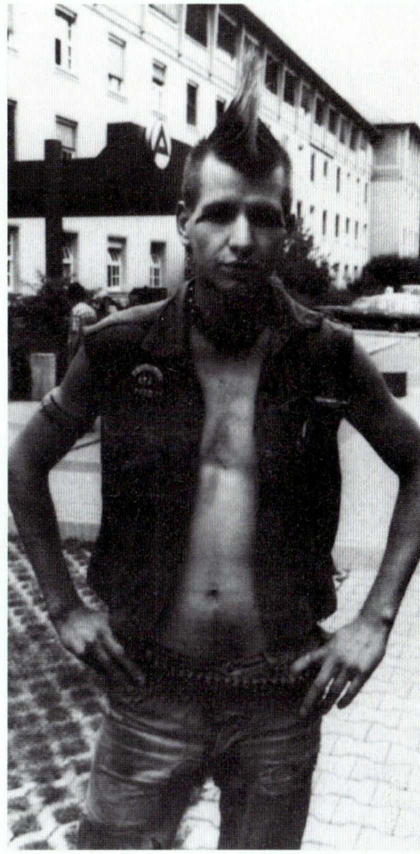

Jeden Morgen geht Heinz Kuhlmann, 23, mit einem Ei ins Badezimmer. Er will das Ei nicht essen, er braucht es für seine Haare. Heinz trägt seine Haare ganz kurz, nur in der Mitte sind sie lang – und rot. Für eine Irokesenfrisur müssen die langen mittleren Haare stehen. Dafür braucht Heinz das Ei.

„In Stuttgart habe nur ich diese Frisur", sagt Heinz. Das gefällt ihm. Das Arbeitsamt in Stuttgart hat eine andere Meinung. Heinz bekommt kein Arbeitslosengeld und keine Stellenangebote. Ein Angestellter im Arbeitsamt hat zu ihm gesagt: „Machen Sie sich eine normale Frisur. Dann können Sie wiederkommen." Ein anderer Angestellter meint: „Herr Kuhlmann sabotiert die Stellensuche." Aber Heinz Kuhlmann möchte arbeiten. Sein früherer Arbeitgeber, die Firma Kodak, war sehr zufrieden mit ihm. Nur die Arbeitskollegen haben Heinz das Leben schwer gemacht. Sie haben ihn immer geärgert. Deshalb hat er gekündigt.

Bis jetzt hat er keine neue Stelle gefunden. Die meisten Jobs sind nichts für ihn, das weiß er auch: „Verkäufer in einer Buchhandlung, das geht nicht. Dafür bin ich nicht der richtige Typ."

Heinz will arbeiten, aber Punk will er auch bleiben. Gegen das Arbeitsamt führt er jetzt einen Prozess. Sein Rechtsanwalt meint: „Auch ein arbeitsloser Punk muss Geld vom Arbeitsamt bekommen." Heinz Kuhlmann lebt jetzt von ein paar Euro. Die gibt ihm sein Vater.

(Michael Ludwig)

18. Was ist richtig?

Heinz Kuhlmann…

- ☐ ist ein Punk.
- ☐ ist arbeitslos.
- ☐ ist 19 Jahre alt.
- ☐ arbeitet in einer Buchhandlung.
- ☐ hat eine Irokesenfrisur.
- ☐ hat bei seiner alten Firma gekündigt.
- ☐ bekommt viele Stellenangebote vom Arbeitsamt.
- ☐ bekommt kein Arbeitslosengeld.
- ☐ hat gelbe Haare.
- ☐ führt einen Prozess gegen das Arbeitsamt.

5

19. Eine Fernsehdiskussion. Hören Sie zu und ordnen Sie.

[1] Das Arbeitsamt hat Recht. Die Frisur ist doch verrückt! Wer will denn einen Punk haben? Kein Arbeitgeber will das!

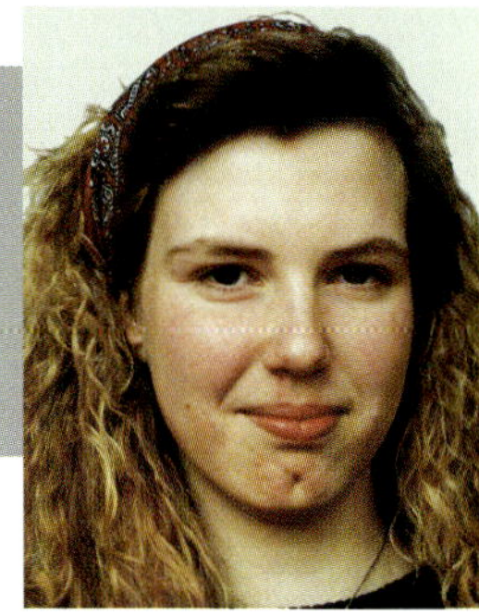

☐ Arbeiten oder nicht, das ist mir egal. Meinetwegen kann er so verrückt aussehen. Das ist mir gleich. Das ist seine Sache. Dann darf er aber kein Geld vom Arbeitsamt verlangen. Ich finde, das geht dann nicht.

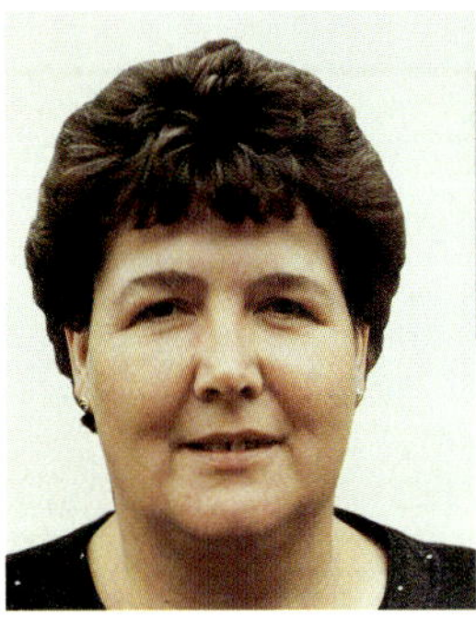

☐ Sicher, er hat selbst gekündigt, aber warum ist das ein Fehler? Er möchte ja wieder arbeiten. Er findet nur keine Stelle. Das Arbeitsamt muss also zahlen.

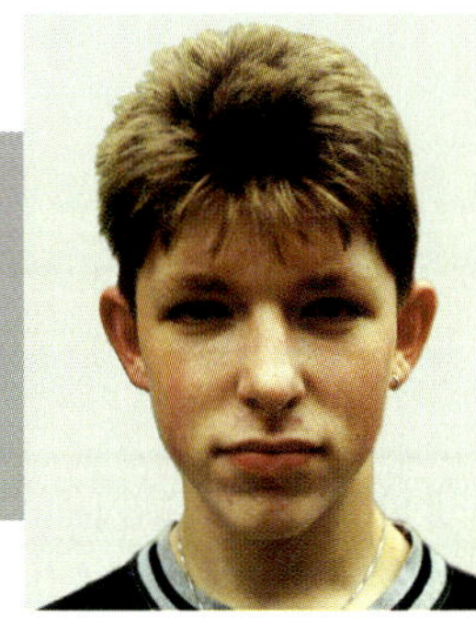

☐ Wie können Sie das denn wissen? Kennen Sie ihn denn? Sicher, er sieht ja vielleicht verrückt aus, aber Sie können doch nicht sagen, er will nicht arbeiten. Ich glaube, er lügt nicht. Er möchte wirklich arbeiten.

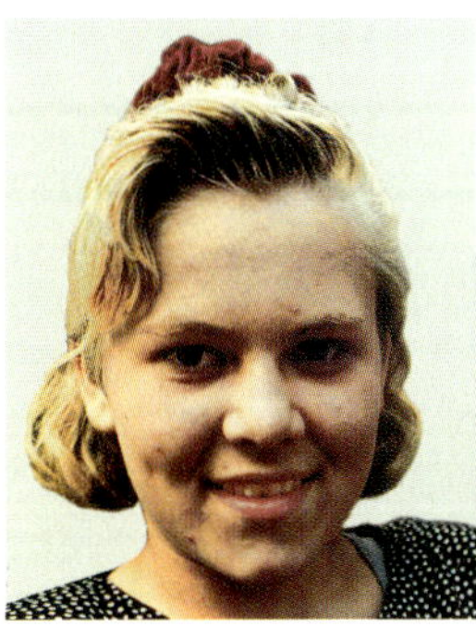

☐ Da bin ich anderer Meinung. Nicht das Aussehen von Heinz ist wichtig, sondern seine Leistung. Sein alter Arbeitgeber war mit ihm sehr zufrieden. Das Arbeitsamt darf sein Aussehen nicht kritisieren.

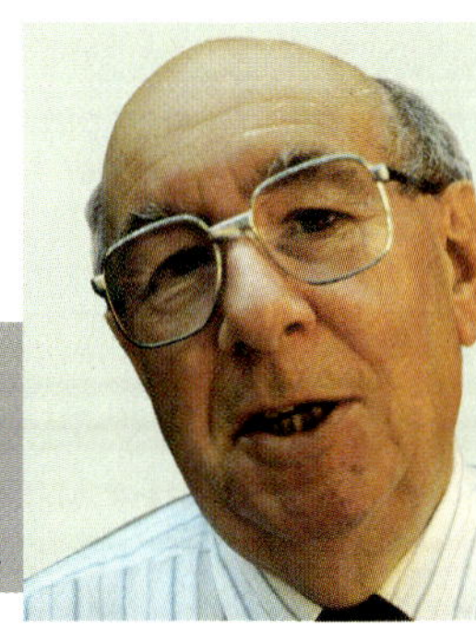

☐ Das finde ich nicht. Der will doch nicht arbeiten. Das sagt er nur. Sonst bekommt er doch vom Arbeitsamt kein Geld. Da bin ich ganz sicher.

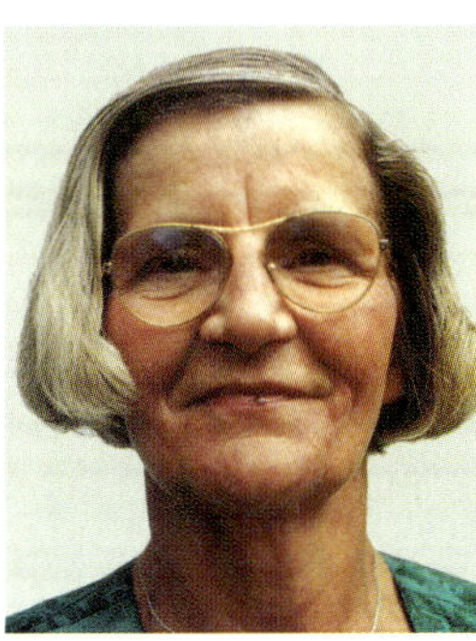

☐ Das stimmt, aber er hat selbst gekündigt. Das war sein Fehler.

20. Welches Argument spricht für, welches gegen Heinz?

	für Heinz	gegen Heinz
Kein Arbeitgeber will einen Punk haben.	☐	☐
Nicht das Aussehen ist wichtig, sondern die Leistung.	☐	☐
Heinz hat selbst gekündigt. Das war sein Fehler.	☐	☐
Heinz möchte bestimmt wieder arbeiten.	☐	☐
Heinz möchte in Wirklichkeit nicht wieder arbeiten.	☐	☐
Sein alter Arbeitgeber war mit ihm sehr zufrieden.	☐	☐
Das Arbeitsamt darf sein Aussehen nicht kritisieren.	☐	☐

21. Diskutieren Sie: Muss Heinz sein Aussehen ändern oder muss das Arbeitsamt zahlen?

○ *Ich finde,* Heinz muss seine Frisur ändern.

☐ *Da bin ich anderer Meinung.* Das Aussehen ist doch nicht wichtig…

△ *Das stimmt, aber…*

☐ *Genau!* Kein Arbeitgeber will einen Punk haben.

△ *Da bin ich nicht sicher.* Sein alter Arbeitgeber…

Das stimmt. / ist richtig. / ist wahr.

Genau!
Einverstanden!
Richtig!

Das stimmt, / Sicher, / Sie haben Recht, — aber…

Da bin ich anderer Meinung.
Das finde ich nicht.
Das stimmt nicht. / ist falsch. / ist nicht wahr.

Da bin ich nicht sicher.
Das glaube ich nicht.
Wie können Sie das wissen?
Wissen Sie das genau?
Sind Sie sicher?

Da bin ich ganz sicher.
Das können Sie mir glauben.
Das weiß ich genau.

Die Wahrheit

6

○ Übrigens – du hast eine schiefe Nase, weißt du das?
□ Ich, eine schiefe Nase...? Also, das hat mir noch keiner gesagt!
○ Das glaub' ich gern. Wer sagt einem schon die Wahrheit! Aber wir sind ja Freunde, oder...?
□ Ja, ja, gewiss... Übrigens – du hast ziemlich krumme Beine.
○ Krumme Beine – wer, ich?
□ Ja, ganz deutlich. Weißt du das denn nicht? Entschuldige, aber als dein Freund darf ich dir doch mal die Wahrheit sagen, oder...?
○ Ja, ja, schon... Aber, ehrlich gesagt, die Wahrheit interessiert mich gar nicht so sehr.
□ Offen gesagt, mich interessiert sie auch nicht besonders.
○ Na siehst du! Ich schlage vor, wir reden nicht mehr darüber.
□ Einverstanden! Vergessen wir das Thema!
○ Deine schiefe Nase ist schließlich nicht deine Schuld.
□ Stimmt! Und du kannst schließlich auch nichts für deine krummen Beine.
○ Schiefe Nase oder nicht – du bist und bleibst mein Freund.
□ Danke! Und ich finde auch: besser ein krummbeiniger Freund als gar keiner.

Lektion 2

Stewardess
Polizist
Verkäufer
der Beruf
Sekretärin
Zahnarzt
ZEUGNIS
das Studium / die Universität
die Lehre / die Ausbildung
die Note
das Zeugnis
der Kindergarten
die Schule
A
B
C

1

Das will ich werden

Zoodirektor

Das ist ein schöner Beruf. Ich habe viele Tiere. Die Löwen sind gefährlich. Aber ich habe keine Angst.

Peter, 9 Jahre

Fotomodell

Das ist ein interessanter Beruf. Ich habe viele schöne Kleider. Ich verdiene viel Geld.

Sabine, 8 Jahre

Nachtwächter

Dann arbeite ich immer nachts. Ich muss nicht ins Bett gehen. Ich habe einen großen Hund.

Paul, 8 Jahre

Politiker

Ich bin oft im Fernsehen. Ich habe ein großes Haus in Berlin. Der Bundeskanzler ist mein Freund.

Klaus, 10 Jahre

Sportlerin

Ich bin die Schnellste in der Klasse. Später gewinne ich eine Goldmedaille.

Gabi, 9 Jahre

Dolmetscherin

Ich verstehe alle Sprachen. Dieser Beruf ist ganz wichtig. Ich kann oft ins Ausland fahren.

Julia, 10 Jahre

1

1. Wer hat was geschrieben?

§ 22

Sabine: Ich will Fotomodell werden, weil ich dann viel Geld verdiene.
_____ : _________________________ , weil ich dann alle Sprachen verstehe.
_____ : _________________________ , weil ich dann oft im Fernsehen bin.
_____ : _________________________ , weil der Beruf ganz wichtig ist.
_____ : _________________________ , weil ich dann nicht ins Bett gehen muss.
_____ : _________________________ , weil ich dann viele Tiere habe.
_____ : _________________________ , weil ich dann schöne Kleider habe.

2. Fragen Sie Ihren Nachbarn.

○ Warum will Paul Nachtwächter werden?
□ Weil er dann immer nachts arbeitet und weil …
○ Und warum will Gabi …?
□ Weil …
○ …

Nebensatz mit „weil"

Das ist ein schöner Beruf.
… weil das ein schöner Beruf ist.

Ich habe dann schöne Kleider.
… weil ich dann schöne Kleider habe.

3. Was wollten Sie als Kind werden? Warum?

Heute (Präsens)
Ich will Ingenieur werden.

Früher (Präteritum)
Ich wollte Ingenieur werden.

§ 19

Ballerina Kapitän Cowboy
Boxer Stewardess Popsänger
Eisverkäufer Astronaut Lehrer
Schauspielerin Arzt Rennfahrer

Ich wollte Lehrerin werden, weil meine Mutter Lehrerin war.

Ich wollte …, weil …

Leser-Umfrage

Sind Sie mit Ihrem Beruf zufrieden?

Nein, gar nicht. Eigentlich wollte ich Friseurin werden. Ich habe auch die Ausbildung gemacht und danach drei Jahre in einem großen Friseursalon gearbeitet. Aber dann habe ich eine Allergie gegen Haarspray

bekommen und musste aufhören. Jetzt habe ich eine Stelle als Verkäuferin gefunden – in einem Supermarkt. Aber das macht mir keinen Spaß; ich kann nicht selbständig arbeiten und verdiene auch nicht viel. Deshalb suche ich im Augenblick eine neue Stelle.

Anke Voller, 29 Jahre, Verkäuferin

Meine Eltern haben einen Bauernhof, deshalb musste ich Landwirt werden. Das war mir schon immer klar, obwohl ich eigentlich nie Lust dazu hatte. Mein jüngerer Bruder

hat es besser. Der durfte seinen Beruf selbst bestimmen, der ist jetzt Bürokaufmann. Also, ich möchte auch lieber im Büro arbeiten. Meine Arbeit ist schmutzig und anstrengend und mein Bruder geht jeden Abend mit sauberen Händen nach Hause.

Florian Gansel, 28 Jahre, Landwirt

Leider nicht. Ich war Maurer, aber dann hatte ich einen Unfall und konnte die schwere Arbeit nicht

mehr machen. Jetzt arbeite ich als Taxifahrer, weil ich keine andere Arbeit finden konnte. Ich muss oft nachts und am Wochenende arbeiten und wir haben praktisch kein Familienleben mehr. Deshalb bin ich nicht zufrieden, obwohl ich ganz gut verdiene.

Werner Schmidt, 48 Jahre, Taxifahrer

Ja. Ich sollte Zahnärztin werden, weil mein Vater Zahnarzt ist und

eine bekannte Praxis hat. Aber ich wollte nicht studieren, ich wollte die Welt sehen. Ich bin jetzt Stewardess bei der Lufthansa. Das ist ein toller Beruf: Ich bin immer auf Reisen und lerne viele interessante Menschen kennen. Das macht mir sehr viel Spaß, obwohl es an manchen Tagen auch anstrengend ist.

Paula Mars, 25 Jahre, Stewardess

4. Wer ist zufrieden? Wer ist unzufrieden? Warum?

§ 28

Name	Beruf	zufrieden?	warum?
Anke V.	Verkäuferin	nein	kann nicht selbständig arbeiten, ...
Florian G.			
Werner S.			
Paula M.			

Anke Voller ist Verkäuferin. Sie ist unzufrieden, weil sie nicht selbständig arbeiten kann und nicht viel verdient.

Florian Gansel ist ...

5. wollte – sollte – musste – konnte – durfte.

§ 19

Welches Modalverb passt?

a) Anke Voller _______ Friseurin werden, aber sie _______ nicht lange in diesem Beruf arbeiten, weil sie eine Allergie bekommen hat. Deshalb _______ sie den Beruf wechseln.

b) Florian Gansel _______ eigentlich nicht Landwirt werden, aber er _______, weil seine Eltern einen Bauernhof haben. Sein Bruder _______ Bürokaufmann werden.

c) Werner Schmidt _______ eine andere Arbeit suchen, weil er einen Unfall hatte. Eigentlich _______ er nicht Taxifahrer werden, aber er _______ nichts anderes finden.

d) Paula Mars _______ eigentlich nicht Stewardess werden. Ihr Vater _______ noch eine Zahnärztin in der Familie haben. Aber sie _______ lieber reisen.

Präteritum

Ich	wollte … konnte … durfte … sollte … musste …	Er/sie	wollte … konnte … durfte … sollte … musste …

6. Zufrieden oder unzufrieden?

nach Hause gehen wollen
wenig Arbeit haben
eine schmutzige Arbeit haben
reich sein
keine Freizeit haben
einen schönen Beruf haben
nachts arbeiten müssen
viel Geld verdienen

Er Sie	ist	zufrieden, unzufrieden,	weil … obwohl …

viel Arbeit haben
viel Geld haben
schwer arbeiten müssen
in die Schule gehen müssen
nicht arbeiten müssen
eine anstrengende Arbeit haben
schlechte Arbeitszeiten haben
viele Länder sehen

7. Wollten Sie lieber einen anderen Beruf? Haben Ihre Freunde ihren Traumberuf?

3

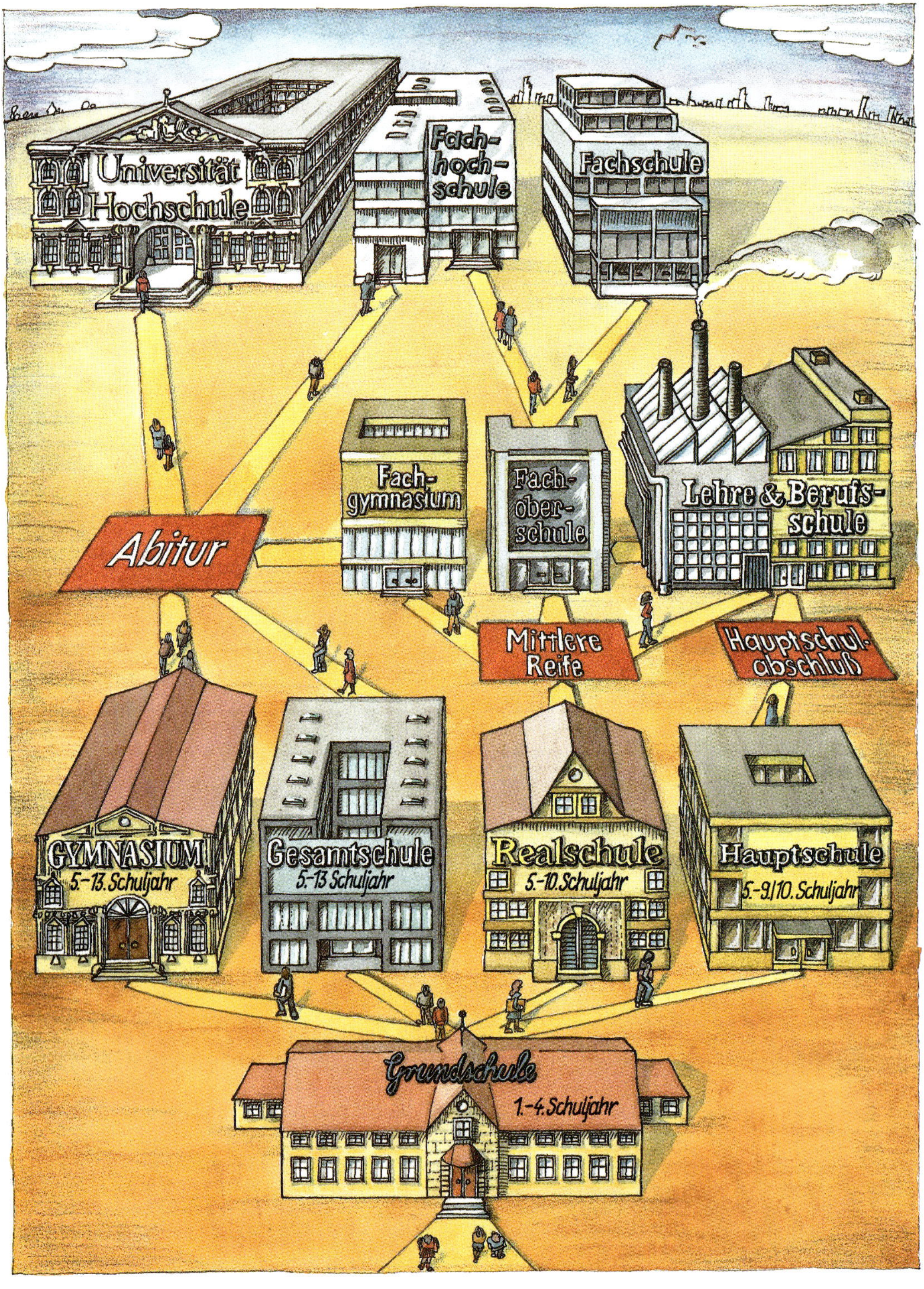
Universität Hochschule
Fach-hoch-schule
Fachschule
Fach-gymnasium
Fach-ober-schule
Lehre & Berufs-schule
Abitur
Mittlere Reife
Hauptschul-abschluß
GYMNASIUM
5.–13. Schuljahr
Gesamtschule
5.–13. Schuljahr
Realschule
5.–10. Schuljahr
Hauptschule
5.–9./10. Schuljahr
Grundschule
1.–4. Schuljahr

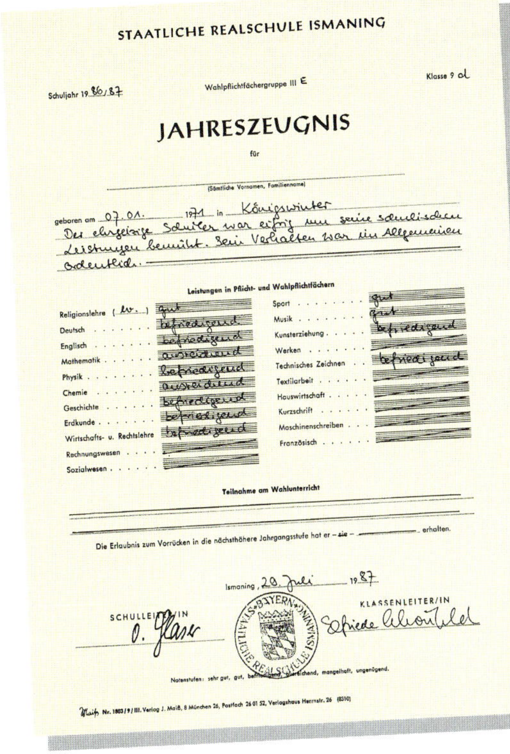

STAATLICHE REALSCHULE ISMANING

Schuljahr 19 86/87 — Wahlpflichtfächergruppe III E — Klasse 9 d

JAHRESZEUGNIS

für

(Sämtliche Vornamen, Familienname)

geboren am 07.01. 1971 in Königswinter

Der ehrgeizige Schüler war eifrig um seine schulischen Leistungen bemüht. Sein Verhalten war im Allgemeinen ordentlich.

Leistungen in Pflicht- und Wahlpflichtfächern

Religionslehre (ev.)	gut	Sport	gut
Deutsch	befriedigend	Musik	gut
Englisch	befriedigend	Kunsterziehung	befriedigend
Mathematik	ausreichend	Werken	—
Physik	befriedigend	Technisches Zeichnen	befriedigend
Chemie	ausreichend	Textilarbeit	—
Geschichte	befriedigend	Hauswirtschaft	—
Erdkunde	befriedigend	Kurzschrift	—
Wirtschafts- u. Rechtslehre	befriedigend	Maschinenschreiben	—
Rechnungswesen	—	Französisch	—
Sozialwesen	—		

Teilnahme am Wahlunterricht

Die Erlaubnis zum Vorrücken in die nächsthöhere Jahrgangsstufe hat er – ~~sie~~ – erhalten.

Ismaning, 20. Juli 1987

SCHULLEITER/IN O. Glaser — KLASSENLEITER/IN Elfriede Uhlenthal

STAATLICHE REALSCHULE ISMANING · BAYERN

Notenstufen: sehr gut, gut, befriedigend, ausreichend, mangelhaft, ungenügend.

Maiß Nr. 1803/9/III. Verlag J. Maiß, 8 München 26, Postfach 26 01 52, Verlagshaus Herrnstr. 26 (8310)

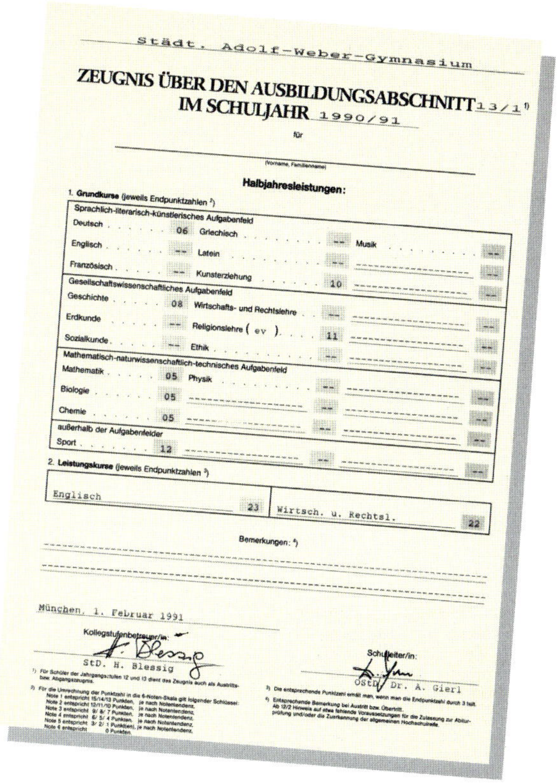

Städt. Adolf-Weber-Gymnasium

ZEUGNIS ÜBER DEN AUSBILDUNGSABSCHNITT 13/1[1] IM SCHULJAHR 1990/91

für

(Vorname, Familienname)

Halbjahresleistungen:

1. **Grundkurse** (jeweils Endpunktzahlen [2])

Sprachlich-literarisch-künstlerisches Aufgabenfeld					
Deutsch	06	Griechisch	--	Musik	--
Englisch	--	Latein	--		--
Französisch	--	Kunsterziehung	10		--
Gesellschaftswissenschaftliches Aufgabenfeld					
Geschichte	08	Wirtschafts- und Rechtslehre	--		--
Erdkunde	--	Religionslehre (ev)	11		--
Sozialkunde	--	Ethik	--		--
Mathematisch-naturwissenschaftlich-technisches Aufgabenfeld					
Mathematik	05	Physik	--		--
Biologie	05		--		--
Chemie	05		--		--
außerhalb der Aufgabenfelder					
Sport	12		--		--

2. **Leistungskurse** (jeweils Endpunktzahlen [3])

Englisch	23	Wirtsch. u. Rechtsl.	22

Bemerkungen: [4]

München, 1. Februar 1991

Kollegstufenbetreuer/in: StD. H. Blessig

Schulleiter/in: OStD Dr. A. Gierl

[1] Für Schüler der Jahrgangsstufen 12 und 13 dient das Zeugnis auch als Austritts- bzw. Abgangszeugnis.

[2] Für die Umrechnung der Punktzahl in die 6-Noten-Skala gilt folgender Schlüssel:
Note 1 entspricht 15/14/13 Punkten, je nach Notentendenz,
Note 2 entspricht 12/11/10 Punkten, je nach Notentendenz,
Note 3 entspricht 9/ 8/ 7 Punkten, je nach Notentendenz,
Note 4 entspricht 6/ 5/ 4 Punkten, je nach Notentendenz,
Note 5 entspricht 3/ 2/ 1 Punkt(en), je nach Notentendenz,
Note 6 entspricht 0 Punkten.

[3] Die entsprechende Punktzahl erhält man, wenn man die Endpunktzahl durch 3 teilt.

[4] Entsprechende Bemerkung bei Austritt bzw. Übertritt. Ab 12/2 Hinweis auf etwa fehlende Voraussetzungen für die Zulassung zur Abiturprüfung und/oder die Zuerkennung der allgemeinen Hochschulreife.

8. Was ist richtig? Korrigieren Sie die falschen Aussagen.

Das Schulsystem in der Bundesrepublik Deutschland	Richtig
a) Die Grundschule dauert in Deutschland fünf Jahre.	
b) Jedes Kind muss die Grundschule besuchen. Wenn man die Grundschule besucht hat, kann man zwischen Hauptschule, Realschule, Gymnasium und Gesamtschule wählen.	
c) In Deutschland gibt es nicht an allen Schulen die gleichen Zeugnisnoten.	
d) Wenn man studieren will, muss man das Abitur machen.	
e) Das Abitur kann man auf der Realschule machen.	
f) Wenn man den Realschulabschluss oder den Hauptschulabschluss gemacht hat, kann man auch noch auf das Gymnasium gehen.	
g) Auf der Hauptschule kann man eine Lehre machen.	
h) Alle Schüler müssen auf die Hauptschule gehen.	

9. Berichten Sie über das Schulsystem in Ihrem Land.

§ 2

Alle Kinder müssen … Jahre die Schule besuchen.
Jedes Kind kann sich die Schule aussuchen.
Die meisten Kinder besuchen die …
Es gibt Zeugnisnoten von … bis …
Jedes Kind kann …
Manche Schüler …
Die …schule dauert … Jahre.
Wenn man studieren will, muss man …

10. Manfred Zehner, Realschüler

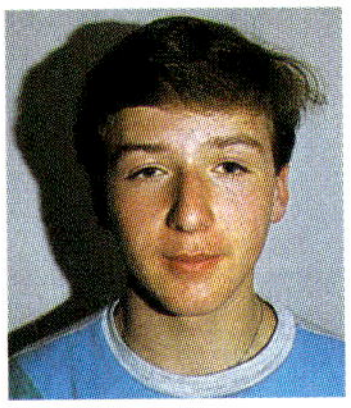

Das 9. Schuljahr ist zu Ende. Manfred Zehner hat jetzt verschiedene Möglichkeiten. Er kann

a) noch ein Jahr zur Realschule gehen.
b) auf das Gymnasium oder auf die Gesamtschule gehen.
c) mit der Schule aufhören und eine Lehre machen.
d) mit der Schule aufhören und eine Arbeit suchen.

Manfred überlegt die Vor- und Nachteile.

§ 23

a) Wenn er noch ein Jahr zur Realschule geht, dann | bekommt er den Realschulabschluss.
kann er noch kein Geld verdienen.
...

b) Wenn er auf das Gymnasium geht, dann | kann er...
...

c) Wenn...
d) Wenn...

Nebensatz		Hauptsatz
Wenn er eine Lehre macht,	–	verdient er Geld
	dann	verdient er Geld.

+ einen richtigen Beruf lernen
+ den Realschulabschluss bekommen
+ das Abitur machen können
+ schon gleich Geld verdienen können
– später keinen richtigen Beruf haben
– noch mindestens vier Jahre kein Geld verdienen
– noch kein Geld verdienen
– später nicht studieren können

11. Manfred Zehner und seine Eltern

7

a) Hören Sie zu.
b) Was stimmt nicht? Korrigieren Sie den Text.

Manfred will mit der Schule aufhören, weil er ein schlechtes Zeugnis hat. Er will eine Lehre machen, wenn er eine Stelle findet. Manfreds Vater findet diese Idee gut. Er sagt: „Die Schulzeit ist die schlimmste Zeit im Leben." Manfreds Mutter sagt zu ihrem Mann: „Sei doch nicht so dumm! In einem Jahr hat Manfred einen richtigen Schulabschluss." Manfred kann auch auf das Gymnasium gehen und dann studieren. Das möchte er aber nicht, weil Akademiker so wenig Geld verdienen.

c) Machen Sie mit Ihrem Nachbarn ein Rollenspiel: Ihre Schwester (Ihr Bruder) will mit der Schule aufhören, aber sie (er) hat noch kein Abschlusszeugnis.

Akademiker heute Ohne Zukunft

Immer mehr Hochschulabsolventen finden nach dem Studium keine Arbeit. In zehn Jahren, so schätzt das Arbeitsamt, gibt es für 3,1 Millionen Hochschulabsolventen nur 900 000 freie Stellen.

Die Studenten wissen das natürlich und die meisten sehen ihre Zukunft nicht sehr optimistisch. Trotzdem studieren sie wei-

Conny Ahrens, 21, 4. Semester, studiert Germanistik in Kiel
„Was soll ich denn sonst machen?"

ter. „Was soll ich denn sonst machen?", fragt die Kieler Germanistikstudentin Conny Ahrens. Ihr macht das Studium wenig Spaß, weil der Konkurrenzkampf heute schon in der Uni beginnt.

Für andere Studenten wie Konrad Dehler (23) ist das kein Problem: „Auch an der

Konrad Dehler, 23, 6. Semester, studiert Wirtschaft an der Universität Göttingen
„Ich werde nicht arbeitslos, ich schaffe es bestimmt"

Uni muss man kämpfen. Man muss besser sein als die anderen, dann findet man schon eine Stelle." Zukunftsangst kennt er nicht: „Ich werde nicht arbeitslos, ich schaffe es bestimmt."

Vera Röder (27) hat es noch nicht geschafft. Sie hat an der Universität Köln Psychologie studiert. Obwohl sie ein gutes Examen gemacht hat, ist sie immer noch arbeitslos. „Ich habe schon über zwanzig Bewerbungen geschrieben, aber immer war die Antwort negativ. Man sucht vor allem Leute mit Berufserfahrung und die habe ich noch nicht."
Obwohl sie schon 27 Jahre alt ist, wohnt sie immer noch bei ihren Eltern. Eine eigene Wohnung ist ihr zu teuer. Denn vom Arbeitsamt bekommt sie kein Geld, weil

Vera Röder, 27, ist Diplom-Psychologin und sucht eine Stelle
„Ich habe schon 20 Bewerbungen geschrieben, aber immer war die Antwort negativ"

sie noch nie eine Stelle hatte. Das Arbeitsamt kann ihr auch keine Stelle anbieten. Vera Röder weiß nicht, was sie machen soll. Sie arbeitet zur Zeit 20 Stunden pro Woche in einem Kindergarten. „Die Arbeit dort ist ganz interessant, aber mein Traumjob ist das nicht. Wenn ich in drei Monaten noch keine Stelle habe, dann gehe ich wahrscheinlich wieder zur Uni und schreibe meine Doktorarbeit." Aber auch für Akademiker mit einem Doktortitel ist die Stellensuche nicht viel einfacher.

12. Was passt zusammen?

Immer mehr Studenten sind nach dem Examen arbeitslos,	studiert sie nicht gern.
Weil es Konkurrenzkämpfe zwischen den Studenten gibt,	aber eine Stelle hat sie noch nicht gefunden.
Obwohl Conny Ahrens keinen Spaß am Studium hat,	weil sie noch nie gearbeitet hat.
Konrad Dehler hat keine Zukunftsangst,	weil sie Geld braucht.
Vera Röder wohnt bei ihren Eltern,	studiert sie trotzdem weiter.
Vera Röder arbeitet im Kindergarten,	findet sie keine Stelle.
Wenn Vera Röder in den nächsten Monaten keine Stelle findet,	weil sie noch keine Berufserfahrung hat.
Vom Arbeitsamt bekommt Vera Röder kein Geld,	möchte sie wieder studieren.
Vera Röder hat schon 20 Bewerbungen geschrieben,	obwohl sie schon 27 Jahre alt ist.
Obwohl Vera Röder ein gutes Examen gemacht hat,	weil es zu viele Akademiker gibt.
Die Antworten auf Vera Röders Bewerbungen waren negativ,	weil er besser ist als die anderen Studenten.

13. Beschreiben Sie die Situation von Vera Röder.

Vera ist …
wohnt …
hat … studiert
sucht …
hat … gemacht

hat … geschrieben
bekommt …
arbeitet …
möchte …

Sie findet keine Stelle, weil …
Obwohl sie …
Das Arbeitsamt …

14. Beschreiben Sie die Situation von Jörn.

Realschulabschluss, 17 Jahre, möchte Automechaniker werden, Eltern wollen das nicht („schmutzige Arbeit"), soll Polizist werden (Beamter, sicherer Arbeitsplatz), Jörn will aber nicht, selbst eine Lehrstelle gesucht, letzten Monat eine gefunden, Beruf macht Spaß, aber wenig Geld …

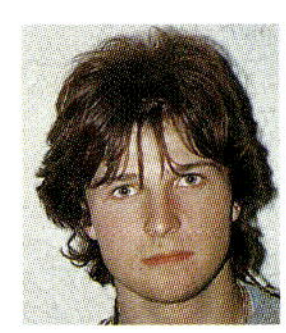

15. Welche Schule haben Sie besucht? Was haben Sie nach der Schule gemacht?

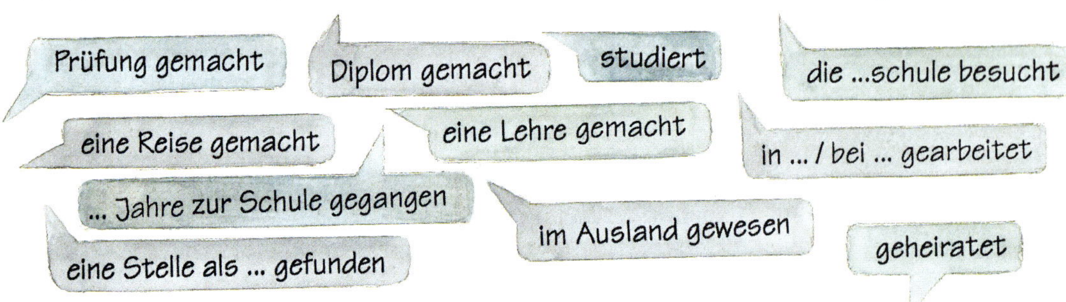

Stellenangebote

ALKO-DATALINE

sucht eine ***Sekretärin*** für die Rechnungsabteilung

Wir – sind ein Betrieb der Elektronikindustrie
– arbeiten mit Unternehmen im Ausland zusammen
– bieten Ihnen ein gutes Gehalt, Urlaubsgeld, 30 Tage Urlaub, Betriebskantine, ausgezeichnete Karrierechancen
– versprechen Ihnen einen interessanten Arbeitsplatz mit Zukunft, aber nicht immer die 5-Tage-Woche

Sie – sind ca. 25 bis 30 Jahre alt und eine dynamische Persönlichkeit
– sprechen perfekt Englisch
– arbeiten gern im Team
– lösen Probleme selbständig
– möchten in Ihrem Beruf vorwärts kommen

Rufen Sie unseren Herrn Waltemode unter der Nummer 20 03 56 an oder schicken Sie uns Ihre Bewerbung.

ALKO-DATALINE
Industriestr. 27, 63073 Offenbach

Unser Betrieb wird immer größer. Unsere internationalen Geschäftskontakte werden immer wichtiger. Deshalb brauchen wir eine zweite

Chefsekretärin

mit guten Sprachkenntnissen in Englisch und Spanisch. Zusammen mit Ihrer Kollegin arbeiten Sie direkt für den Chef des Unternehmens. Sie bereiten Termine vor, sprechen mit Kunden aus dem In- und Ausland, besuchen Messen, schreiben Verträge, mit einem Wort: Auf Sie wartet ein interessanter Arbeitsplatz in angenehmer Arbeitsatmosphäre. Außerdem bieten wir Ihnen: 13. Monatsgehalt, Betriebsrente, Kantine, Tennisplatz, Schwimmbad.

Böske & Co. Automatenbau
Görickestraße 1–3, 64297 Darmstadt

Wir sind ein Möbelunternehmen mit 34 Geschäften in ganz Deutschland. Für unseren Verkaufsdirektor suchen wir dringend eine

Chefsekretärin

mit mehreren Jahren Berufserfahrung.

Wir bieten einen angenehmen und sicheren Arbeitsplatz mit sympathischen Kollegen, gutem Betriebsklima und besten Sozialleistungen. Wenn Sie ca. 30 bis 35 Jahre alt sind, gut mit dem Computer schreiben und selbständig und allein arbeiten können, bewerben Sie sich bei:

Baumhaus KG
Postfach 77, 63454 Hanau am Main
Telefon (06181) 3 60 22 39

16. Was für eine Sekretärin suchen die Firmen? Was bieten die Firmen?

Alko-Dataline	Böske & Co.	Baumhaus KG
Die Firma bietet: – ein gutes Gehalt – …	Die Firma bietet: – einen interessanten Arbeitsplatz – …	Die Firma bietet: – einen angenehmen und sicheren Arbeitsplatz – …
Die Sekretärin soll: – 25–30 Jahre alt sein – …	Die Sekretärin soll: – gute Sprachkenntnisse in Englisch und Spanisch haben – …	Die Sekretärin soll: – mehrere Jahre Berufserfahrung haben – …

§ 2, 9

Firma Böske & Co.
Personalabteilung
Görickestraße 1-3
64297 Darmstadt

4.2.1992

Bewerbung als Chefsekretärin
Ihre Anzeige vom 4.2.1992 in der Frankfurter Allgemeinen Zeitung

Sehr geehrte Damen und Herren,

ich bewerbe mich hiermit um die Stelle als Chefsekretärin in Ihrer Firma. Seit 1985 arbeite ich als Sekretärin bei der Firma Euro-Mobil in Offenbach.
Ich möchte gerne selbständiger arbeiten und suche deshalb eine neue Stelle mit interessanteren Aufgaben.
Über eine baldige Antwort würde ich mich sehr freuen.

Mit freundlichen Grüßen

Petra Maurer

Petra Maurer

Lebenslauf

Name	Maurer, geb. Pott
Vornamen	Petra Maria Barbara
geboren am	16.08.1965
in	Aschaffenburg / Main
01.09.1971-24.06.1975	Grundschule in Bergen-Enkheim
30.08.1975-30.06.1978	Schillergymnasium in Frankfurt/M.
04.09.1978-17.05.1981	Brüder-Grimm-Realschule in Frankfurt/M. Realschulabschluss
01.10.1981-03.06.1983	Dolmetscherinstitut in Mainz (Englisch / Spanisch)
15.09.1983-10.02.1985	Sprachpraktikum in den USA
seit 01.04.1985	Sekretärin bei Fa. Euro-Mobil - Import / Export, Offenbach
14.03.1988	Heirat mit dem Exportkaufmann Jochen Maurer
01.09.1990-30.06.1991	Abendschule (Sekretärinnenkurs) Abschlussprüfung vor der Industrie- und Handelskammer: geprüfte Sekretärin
21.03.1991	Scheidung

jetzige Stelle: Sekretärin bei Fa. Euro-Mobil

Datum

der erste April	(Welcher Tag?)
am ersten April	(Wann?)
seit dem ersten April	(Seit wann?)
vom ersten April bis zum ersten Mai	(Wie lange?)

17. Beschreiben Sie den Lebenslauf von Petra Maurer.

Vom ersten September 1971 bis zum 24. Juni 1975 hat sie …
Am … hat sie den Realschulabschluss gemacht.
Seit dem …
…

18. Petra Maurer beim Personalchef der Firma Böske & Co.

1 8

Hören Sie das Gespräch. Was ist richtig?

a) Petra war in den USA
- ☐ bei Freunden.
- ☐ in einem Sprachinstitut.
- ☐ zuerst in einem Institut und dann bei Freunden.

b) Petra kann
- ☐ nur sehr schlecht Spanisch.
- ☐ nur Spanisch sprechen, aber nicht schreiben.
- ☐ Spanisch sprechen und schreiben.

c) Petra hat nur drei Jahre das Gymnasium besucht,
- ☐ weil sie kein Abitur machen wollte.
- ☐ weil sie dort schlechte Noten hatte.
- ☐ weil sie Dolmetscherin werden wollte.

d) Petra ist nach Deutschland zurückgekommen,
- ☐ weil sie kein Geld mehr hatte.
- ☐ weil sie krank war.
- ☐ weil sie nicht länger bleiben wollte.

19. Welche Stelle soll ich nehmen?

Petra Maurer spricht mit einer Freundin. Hören Sie zu und ergänzen Sie die Notizen. Welche Vorteile, welche Nachteile findet sie bei den Angeboten?

	Alko-Dataline Offenbach	Baumhaus KG Hanau	Böske & Co. Darmstadt
+	kann Chefsekretärin werden	...	...
–	...	...	...

Kollegen sehr nett
erst morgens um 9 Uhr anfangen
1800 € brutto
35 km zur Arbeit
muss samstags arbeiten
1600 € brutto
13. Monatsgehalt
fast 50 km zur Arbeit
Chef sehr unsympathisch
1300 € brutto
Chefsekretärin sehr unsympathisch
gute Busverbindung

9

20. Was finden Sie im Beruf am wichtigsten?

§ 7

Wunschliste für den Beruf

Welches sind die wichtigsten Gründe für die Berufswahl? Das Institut für Arbeitsmarkt- und Berufsforschung hat darüber eine Umfrage gemacht; dabei haben von je 100 befragten Personen angegeben:

Sicherer Arbeitsplatz	76
Guter Verdienst	58
Soziale Sicherheit	50
Interessante Arbeit	40
Gute Kollegen	38
Leichte Arbeit	32
Kurze Fahrt	28
Karriere	23
Selbstständige Arbeit	22
Prestige	21
Viel Freizeit	19

Viel Geld, viel Freizeit, eine interessante Arbeit, gute Karrierechancen und nette Kollegen möchte natürlich jeder gerne haben. Aber alles zusammen, das gibt es selten. Wenn Sie wählen müssen, was ist für Sie wichtiger? Ein sicherer Arbeitsplatz oder ein gutes Einkommen? Interessante Arbeit oder viel Freizeit? Nette Kollegen oder eine selbstständige Arbeit? Gute Karrierechancen oder eine kurze Fahrt zum Arbeitsort?

Am wichtigsten Sehr/Ziemlich/Nicht so wichtig Wichtig/Unwichtig Wichtiger/Viel wichtiger als ...	finde ich ...	einen sicheren Arbeitsplatz. eine interessante Arbeit. eine kurze Fahrt zur Arbeit. ein gutes Einkommen. genug/viel Freizeit./nette Kollegen./...

Wenn	ich nicht selbstständig arbeiten kann, die Arbeit .../ die Kollegen ... das Einkommen .../ ...	macht mir die Arbeit keinen Spaß. ...

Was nützt mir ..., wenn ...?

Die Arbeit/Das Einkommen/ Die Kollegen/...	muss/müssen	unbedingt auf jeden Fall	interessant nett/ ...	sein.
	darf/dürfen auf keinen Fall			

Das ist die Hauptsache. Alles andere ist nicht so wichtig.

Und bin so arbeitslos als wie zuvor.

○ Also, Herr Nienhoff – ähm, – Herr Dr. Nienhoff – Sie wollen bei uns Hausbote werden…
□ Ja, das möchte ich sehr gern.
○ Wollten Sie immer schon Hausbote werden?
□ Immer vielleicht nicht, aber… Sie wissen ja, ich habe lange studiert…
○ …Zwanzig Semester!
□ Ja, zwanzig Semester, und…
○ …und zwar Philosophie!
□ Ja, zwanzig Semester Philosophie. Na ja, und dann hab' ich geheiratet und dann kamen auch bald zwei Kinderchen, wie das so geht im Leben.
○ Ja, ja, aber warum denn jetzt Hausbote – ich meine, Sie haben zehn Jahre studiert, haben sogar promoviert…?
□ Ich weiß, es ist vielleicht ungewöhnlich. Aber ich sehe das heute anders, es war für mich einfach ein notwendiger Umweg.
○ Ein notwendiger Umweg – zum Hausboten?
□ Ja. Ich konnte lange nachdenken und dann wusste ich, nach zehn Jahren: Es gibt für mich nur einen Beruf – Hausbote.
○ Und woher wussten Sie das – nach zehn Jahren?
□ Weil ich das Nachdenken leid war und weil mir eines plötzlich sehr klar wurde: Wichtiger als das Nachdenken ist die Bewegung. Ich muss jetzt endlich mal meine Beine bewegen.
○ Ich verstehe … Herr Nienhoff – ähm, Herr Dr. Nienhoff. Leider ist die Hausbotenstelle inzwischen besetzt. Doch heute wurde eine andere Stelle frei, in unserer Telefonzentrale …

Lektion 3

das Quiz
die Nachrichten
der Spielfilm
die Kindersendung
das Theaterstück
der Krimi
die Straßenkünstlerin
KINO
KONZERT
Ballett
THEATER

1

Dienstag, 23. Mai

ARD

9.00 Gemeinsames Vormittagsprogramm von ARD und ZDF
– siehe ZDF –
13.45 Wirtschaftstelegramm
14.00 Tagesschau
14.03 Pia und Mia
Kinderfilm
15.00 Tagesschau
15.03 Spaß am Dienstag
Zeichentrickfilme
15.30 Das gibt es doch nicht!
Magazin. Bilder, Menschen und Geschichten

Unter anderem wird in dieser Folge gezeigt, wie der Indianerhäuptling Mato-Topo zu seinem Platz auf diesem Denkmal gekommen ist ...

16.00 Tagesschau
16.03 Die Trickfilmschau
16.45 ARD-Ratgeber
17.15 Tagesschau
17.25 Regionalprogramme mit Werbung
20.00 Tagesschau
20.15 Abenteuer Mount Everest
Bergsteiger auf dem höchsten Berg der Welt
21.00 Panorama
Politisches Magazin
21.45 Dallas
Hochzeit auf Southfork
22.30 Tagesthemen
23.00 Tatort
Zahn um Zahn. Mit Götz George als Kommissar Schimanski
0.35 Tagesschau

ZDF

9.00 Tagesschau
9.03 Denver. Alexis kommt zurück. (Wiederholung)
9.45 Medizin nach Noten
10.00 Tagesschau
10.03 Gesundheitsmagazin Praxis
(Wiederholung von Donnerstag)
10.45 100 Meisterwerke
Paul Gauguin: Tag des Gottes
11.00 Tagesschau
11.03 Columbo
Wer zuletzt lacht ...
12.55 Presseschau
13.00 Tagesschau
13.05 Mittagsmagazin
13.45 Ein Fall für TKKG
Ein Revolver in der Suppe. Kinder-Krimiserie
14.30 Europäische Universitäten
7. Teil: Heidelberg
15.00 Zirkusnummern
Spaß mit Tieren
16.15 Wicki und die starken Männer
Zeichentrickserie
17.00 Heute – Aus den Bundesländern
17.15 Teleillustrierte
17.45 ALF
Eine Katze zum Frühstück
19.00 Heute
19.30 Gangster und Ganoven
Reportage über das Bahnhofsviertel in Frankfurt
20.15 Der Würger von Schloss Blackmoore
Krimi von 1963
21.45 Heute-Journal
22.10 Deutschland-Magazin Berlin – die schwierige Hauptstadt
22.55 Miranda
Talkshow mit Peter Lindner
23.55 ZDF Sport extra
Fußball Europapokal
0.45 Heute – letzte Nachrichten

RTL

6.00 Hallo Europa – Guten Morgen Deutschland Nachrichtenmagazin
9.20 Liebe in Wien
Filmkomödie von 1953
11.00 Unterhaltung und Serien Riskant! Spielshow
11.30 Showladen
Einkaufsmagazin
12.00 Der Preis ist heiß
Gewinnshow
12.35 Polizeibericht
US-Krimiserie
13.00 RTL aktuell
13.10 Der Hammer
US-Krimiserie
13.35 California Clan
US-Serie
14.25 Die Springfield-Story US-Serie
15.10 Die wilde Rose
Mexikanische Kurzfilme
15.52 RTL aktuell
Nachrichten / Wetter
15.55 Mini-Playback-Show Kinder imitieren Popstars
16.45 Riskant! Spielshow
17.10 Der Preis ist heiß
Gewinnshow
17.45 Sterntaler Filmquiz
17.55 RTL aktuell
18.00 Der Sechs-Millionen-Dollar-Mann
US-Actionserie
18.45 RTL aktuell
Nachrichten / Sport / Wetter
19.10 Knight Rider
US-Actionserie
20.15 Die unglaubliche Reise in einem verrückten Flugzeug
Filmkomödie
21.50 Explosiv
Magazin mit Olaf Kracht
22.45 L.A. Law
US-Anwaltsserie
23.40 RTL aktuell
23.50 Es geschah am helllichten Tag
Schweizer Kriminalfilm
1.50 Aerobics

3 SAT

14.30 Johann Sebastian Bach Es singen und spielen der Bachchor und das Bachorchester Mainz
15.20 Joseph Haydn
Konzert mit Chor und Orchester der Academy of St. Martin-in-the-Fields
17.15 Programmvorschau
17.20 Mini-ZiB Für Kinder
17.30 Siebenstein
Kindersendung
17.55 Hallo Rolf!
Mit Tierarzt Rolf Spangenberg
18.00 Bilder aus Österreich
Leben, Landschaft und Kultur
19.00 Heute / 3SAT-Studio
19.30 SOKO 5113
Krimiserie
20.20 Ausland
Reportagen
20.50 Geheimagenten in der Schweiz
Dokumentarfilm
21.45 Kulturjournal Tips
21.51 Sport-Zeit

Motorrad-WM 500ccm

Leichtathletik-Meeting in Karlsruhe

22.00 Zeit im Bild
Nachrichten
22.25 Club 2
Talkshow aus Österreich

1. Welche Sendungen gehören zu den Bildern?

Bild	A	B	C	D	E	F
Sendung Uhrzeit Programm						

2. Ordnen Sie die Sendungen aus den Fernsehprogrammen.

Nachrichten / Politik	Unterhaltung	Kultur / Bildung	Sport	Kinder-sendung	Kriminalfilm / Spielfilm

3. Welche Serien gibt es auch in Ihrem Land?

4. Stellen Sie Ihr Wunsch-Programm für einen Tag zusammen (Gruppenarbeit).

Vergleichen Sie das Ergebnis mit den anderen Gruppen.

5. Finden Sie zu jedem Textanfang die passende Fortsetzung.

A	B	C	D	E

ALF. Eine Katze zum Frühstück. Amerikanische Familienserie.

Die Tanners haben ihre Katze verloren. Ein Auto hat sie überfahren. Alle sind sehr unglück-

lich. Nur Alf nicht, er möchte die tote Katze am liebsten essen. [A]

Dann kommt seine Tochter Claire zu Besuch. Eine Mordserie beginnt. Alle Bewohner leben in großer Angst. Auch Claire ist in höchster Gefahr. [1]

Der Würger von Schloss Blackmoore. Deutscher Spielfilm von 1963

Lucius Clark wohnt in dem dunklen alten Schloss Blackmoore

Castle. Vor vielen Jahren hat er einen reichen Freund ermordet, weil er seine Diamanten haben

wollte. Die Steine hat Lucius Clark im Schloss versteckt. [B]

Aber Kommissar Schimanski glaubt nicht an eine Familientragödie. Er sucht den wirklichen Mörder. Auch die junge Reporterin Uli braucht Material für eine heiße Story. Bald geraten beide in Lebensgefahr. [2]

Es geschah am helllichten Tag. Schweiz 1958. Kriminalfilm-Klassiker nach Friedrich Dürrenmatt.

Ein Landstreicher findet im Wald die Leiche eines kleinen Mädchens. Es ist die neunjährige

Gritli Moser. Sie ist schon das dritte Opfer in einer Serie von Kindesmorden. [C]

Einer der Passagiere, Ted Striker, ist ein ehemaliger Vietnam-Pilot. Er ist ein verrückter Typ und natürlich hat er noch nie einen Jumbo gesteuert. Von einer Bodenstation bekommt er Anweisungen über Sprechfunk. [3]

Die unglaubliche Reise in einem verrückten Flugzeug. Filmparodie. USA 1980

Ein Flugzeug ist auf dem Weg von Los Angeles nach Chicago. Die Stewardess serviert ein

Fischgericht. Nach kurzer Zeit sind der Pilot, die Crew und fast alle Passagiere krank. Wer soll jetzt das Flugzeug fliegen? [D]

Aber damit ist die Familie natürlich nicht einverstanden. Ein paar Tage später sind sieben Katzenbabys im Haus – „jemand“ hat sie per Telefon bestellt. Bekommt er wenigstens eins zum Frühstück? [4]

Tatort. Zahn um Zahn. BRD 1987.

In einer Wohnung liegen vier Tote: ein Ehepaar und seine bei-

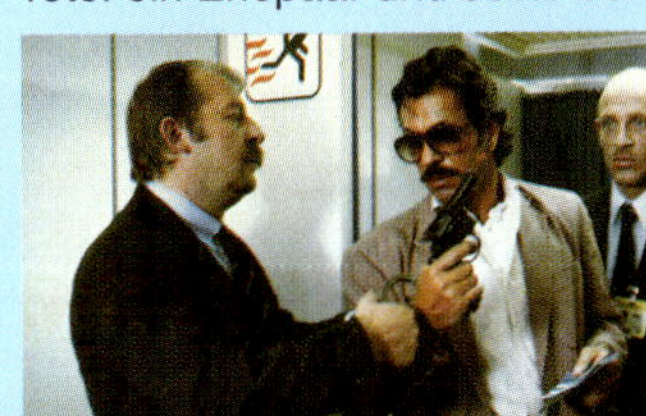

den Kinder. Der Vater hat noch eine Pistole in der Hand. Scheinbar ist der Fall klar: Er hat zuerst seine Familie und dann sich selbst erschossen. [E]

Kommissar Matthäi will den Mörder endlich fangen. Er hat einen riskanten Plan: Die kleine Annemarie – auch neun Jahre alt – soll den Mörder in eine Falle locken. [5]

Leserbriefe

Miranda, ZDF, 23. Mai, 22.55 Uhr.
Peter Lindner diskutiert mit seinen Gästen über das Thema „Keine Zukunft für das Auto?"

Wenn ich abends nach Hause komme, freue ich mich auf das Fernsehprogramm. Dann möchte ich gute Unterhaltung sehen und keine billigen Talkshows.
Kurt Förster, Iserlohn

Herzlichen Glückwunsch! Endlich eine interessante Talkshow. Besonders freue ich mich über die späte Sendezeit, weil ich abends immer lange arbeiten muss.
Clemens Buchner, Hainburg

Der Moderator ist schlecht, die Sendung ist langweilig, die Themen sind uninteressant. Ich ärgere mich über jede Sendung.
Beate Kanter, Stralsund

Ich interessiere mich sehr für Talkshows, aber nicht nachts um 11.00 Uhr. Ist „Miranda" eine Sendung für Arbeitslose und Studenten?
Hubert Hessler, Bad Salza

In dieser Sendung fehlt der Pfeffer. Über den langweiligen Moderator kann ich mich wirklich aufregen.
Rainer Kock, Nürnberg

Miranda gefällt uns sehr gut. Wir freuen uns auf die nächste Sendung.
Uwe und Ute Kern, Oberhof

Die meisten Talkshows sind langweilig, aber Miranda finde ich gut. Besonders interessieren mich die politischen Themen.
Karin Langer, Aachen

6. Wofür interessiert sich ...? Fragen und antworten Sie.

○	Wofür	interessiert	sich	Kurt Förster?
	Worüber	ärgert		...
	Worauf	freut/freuen		
		regt sich Rainer Kock auf?		

□	Er	interessiert	sich	über	die späte Sendezeit.
	...	ärgert		für	die politischen Themen.
		freut/freuen		auf	...
	Er regt sich				den langweiligen Moderator auf.

Reflexive Verben

ich	interessiere	mich	für
du	interessierst	dich	
er / sie	interessiert	sich	
wir	interessieren	uns	
ihr	interessiert	euch	
sie	interessieren	sich	

§ 10, 12
§ 15, 34

7. Üben Sie.

○	Interessierst	du dich	für Krimis?
	Interessiert	ihr euch	...
	Interessieren	Sie sich	

□	Nein, dafür	interessiere ich mich	nicht.
		... wir ...	

○	Wofür	interessierst du dich	denn?
		... ihr ...	
		... Sie...	

□	Vor allem für	Sportsendungen.
		...

Wofür interessieren sich die Deutschen im Fernsehen?

Alle Angaben in Prozent	Männer	Frauen
Tierfilme	47,1	47,9
Kinofilme	36,1	44,3
Komödien	38,2	41,6
Show-, Quizsendungen	30,0	34,1
Krimis, Western	41,6	23,6
Regionalsendungen	35,6	28,1
Ratgebersendungen	29,4	33,7
Problemfilme	26,3	33,9
Musiksendungen	25,8	32,3
Wissenschaft, Technik	41,7	13,3
Sportsendungen	41,4	5,8
Kunst, Literatur	14,5	23,7
Politik, Wirtschaft	22,2	11,1
Jugend-, Kindersendungen	9,9	13,9
Religion	7,4	9,0

Radio FFT

20.00 Nachrichten, Wetter
20.05 Beliebte Lieder
21.00 Nachrichten, Wetter
21.05 Was ist Ihr Problem?
Frau Dr. Semmler gibt Rat in Lebensfragen.

8. Was ist Ihr Problem?

1 11-13

a) Drei Personen rufen Frau Dr. Semmler an. Sie haben ein persönliches Problem und bekommen Ratschläge. Lesen Sie zuerst einige Sätze aus den Gesprächen.

Anrufer

- ☐ Ich würde gern mit meinem Freund in Frankreich Urlaub machen.
- ☐ Er glaubt, ich würde es kaputtfahren.
- ☐ Meine Eltern sind unglücklich, weil ich nicht mit ihnen nach Österreich fahren will.
- ☐ Die Katzen schlafen sogar nachts in ihrem Bett.
- ☐ Ich würde gerne mit dem Auto einkaufen fahren.
- ☐ Ich liebe meine Freundin und würde sie gerne heiraten.
- ☐ Ich habe meine Eltern sehr gern, aber sie lassen mir keine Freiheit.
- ☐ Mein Mann gibt mir das Auto nicht, obwohl es meistens in der Garage steht.

Frau Dr. Semmler

- ☐ Ich würde einmal in Ruhe mit ihm sprechen.
- ☐ Ich würde einen Brief schreiben und ihn auf den Küchentisch legen.
- ☐ Sicher finden Sie bald ein nettes Mädchen ohne Katzen.
- ☐ Machen Sie Ihren Mann zu Ihrem Fahrlehrer.
- ☐ Ihre Eltern können Ihnen nichts verbieten, weil Sie erwachsen sind.
- ☐ Sie müssen sich Ihre Freiheit nehmen.
- ☐ Ich glaube, Sie können mit Ihrer Freundin nicht glücklich werden.
- ☐ Bitten Sie ihn um Hilfe.

b) Hören Sie die drei Gespräche mit Frau Dr. Semmler. Welche Sätze passen zu Gespräch 1 (Hilde Baumgart), welche zu Gespräch 2 (Karin Gärtner) und welche zu Gespräch 3 (Udo Seyfert)? Schreiben Sie die Nummer des Gesprächs in die Kästen vor den Sätzen.

Konjunktiv mit „würde"

(wirklich)
Was tun Sie?
Ich leihe mir ein Auto.

(nicht wirklich, nur gedacht)
Was würden Sie tun?
Ich würde mir ein Auto leihen.

9. Was würden Sie den Personen raten?

Suchen Sie für jede Person drei Ratschläge. Welche Ratschläge würden Sie außerdem geben?

§ 20

mir selbst ein Auto kaufen – einen Hund kaufen – den Freund und seine Eltern nach Hause einladen – mir ein Auto leihen – einen Kompromiss suchen – mit meinem Mann über das Problem sprechen – die Freundin zum Psychiater schicken – meinen Mann nicht um Erlaubnis fragen – eine eigene Wohnung suchen – zusammen mit den Eltern nach Frankreich fahren

10. Lesen Sie zuerst die Liedtexte und hören Sie dann die Kassette.

14-19

Wer hat die schönsten Schäfchen?
Die hat der goldne Mond,
der hinter unsern Bäumen
am Himmel droben wohnt.

Ich weiß nicht, was soll es bedeuten,
Dass ich so traurig bin;
Ein Märchen aus alten Zeiten,
Das kommt mir nicht aus dem Sinn.
Die Luft ist kühl und es dunkelt,
Und ruhig fließt der Rhein;
Der Gipfel des Berges funkelt
Im Abendsonnenschein.

Wenn die Elisabeth
nicht so schöne Beine hätt',
hätt' sie viel mehr Freud
an dem neuen langen Kleid.

Wenn sich die Igel küssen,
dann müssen, müssen, müssen
sie ganz, ganz fein
behutsam sein.

Mein Hut, der hat drei Ecken,
drei Ecken hat mein Hut.
Und hätt' er nicht drei Ecken,
dann wär' es nicht mein Hut.

Heut' kommt der Hans zu mir, freut sich die Lies.
Ob er aber über Oberammergau oder aber über Unterammergau
oder aber überhaupt nicht kommt, ist nicht gewiss.

	Indikativ	Konjunktiv
ich	bin	wäre
er/sie/es	ist	wäre
ich	habe	hätte
er/sie/es	hat	hätte

hätt' = hätte, wär' = wäre

§ 20

11. Welches Lied gefällt Ihnen am besten? Welches nicht so gut?

12. Schreiben Sie einen neuen Text zum Lied „Mein Hut, der hat drei Ecken".

Mein Schrank, der hat vier Türen,
vier Türen hat mein Schrank.
Und hätt' er nicht …
dann wär' es …

oder

Mein Brief, der hat sechs Seiten,
sechs Seiten …
Und hätt' er …

Fuß – Zehen	Haus – Zimmer
Kind – Zähne	…

13. Wennachwenn dannjadann

20

Wenn, ach wenn… Wenn, ach wenn…
Wenn du mit mir gehen würdest,
wenn du mich verstehen würdest…
Dann, ja dann… Dann, ja dann…
Ja, dann würde ich immer bei dir sein,
dann wärest du nie mehr allein.
Ja, wenn…

Machen Sie neue Texte für das Lied!
Benutzen Sie auch das Wörterverzeichnis S. 150–160.

Wenn	ich	laufen	würde	Ja, dann	würde	ich	…	bleiben
	du	kaufen	würdest		hätte	…		schreiben
	…	sagen			wäre			verlieben
		fragen						üben
		studieren						Zeit
		verlieren						weit
								geblieben
								geschrieben

Wenn – dann…
Wenn du mit mir gehen würdest,
dann wärest du nicht mehr allein.

14. Sing doch mit!

21

Die Gedanken sind frei, wer kann sie erraten?
Sie fliegen vorbei wie nächtliche Schatten.
Kein Mensch kann sie wissen,
kein Jäger erschießen.
Es bleibet dabei, die Gedanken sind frei.

a) Hören Sie den Dialog.
b) Was ist richtig?

1. Welche Lieder mag Max nicht?
   - ☐ politische Lieder
   - ☐ Trinklieder
   - ☐ Popmusik
2. Heinz findet die Trinklieder gut, weil
   - ☐ sie schon sehr alt sind.
   - ☐ die Texte gut sind.
   - ☐ sie Spaß machen.
3. Max mag nicht singen, weil
   - ☐ er nicht singen kann.
   - ☐ er die Texte nicht versteht.
   - ☐ er die Texte dumm findet.

Es gibt immer mehr Straßenkünstler: Musikanten, Maler und Schauspieler. Sie ziehen von Stadt zu Stadt, machen Musik, spielen Theater und malen auf den Asphalt. Die meisten sind Männer, aber es gibt auch einige Frauen. Eine von ihnen ist die 20jährige Straßenpantomimin Gabriela Riedel.

Ich hol' die Leute aus dem Alltagstrott

Das Wetter ist feucht und kalt. Auf dem Rathausmarkt in Hamburg interessieren sich nur wenige Leute für Gabriela. Sie wartet nicht auf Zuschauer, sondern packt sofort ihre Sachen aus und beginnt ihre Vorstellung: Sie zieht mit ihren Fingern einen imaginären Brief aus einem Umschlag. Den Umschlag tut sie in einen Papierkorb. Der ist wirklich da. Sie liest den Brief, vielleicht eine Minute, dann fällt er auf den Boden und Gabriela fängt an zu weinen.
Den Leuten gefällt das Pantomimenspiel. Nur ein älterer Herr mit Bart regt sich auf. „Das ist doch Unsinn! So etwas müsste man verbieten." Früher hat Gabriela sich über solche Leute geärgert, heute kann sie darüber lachen. Sie meint: „Die meisten Leute freuen sich über mein Spiel und sind zufrieden."
Nach der Vorstellung sammelt sie mit ihrem Hut Geld: 4 Euro und 36 Cents hat sie verdient, nicht schlecht. „Wenn ich regelmäßig spiele und das Wetter gut ist, geht es mir ganz gut." Ihre Kollegen machen Asphaltkunst gewöhnlich nur in ihrer Freizeit.
Für Gabriela ist Straßenpantomimin ein richtiger Beruf.
Gabrielas Asphaltkarriere hat mit Helmut angefangen. Sie war 19, er 25 und Straßenmusikant. Ihr hat besonders das freie Leben von Helmut gefallen und sie ist mit ihm von Stadt zu Stadt gezogen. Zuerst hat Gabriela für Helmut nur Geld gesammelt. Dann hat sie auch auf der Straße getanzt. Nach einem Krach mit Helmut hat sie dann in einem Schnellkurs Pantomimin gelernt und ist vor sechs Monaten Straßenkünstlerin geworden.
Die günstigsten Plätze sind Fußgängerzonen, Ladenpassagen und Einkaufszentren. „Hier denken die Leute nur an den Einkauf, aber bestimmt nicht an mich. Ich hol' sie ein bisschen aus dem Alltagstrott", erzählt sie. Das kann Gabriela wirklich: Viele bleiben stehen, ruhen sich aus, vergessen den Alltag.
Leider ist Straßentheater auf einigen Plätzen schon verboten, denn die Geschäftsleute beschweren sich über die Straßenkünstler. Oft verbieten die Städte dann die Straßenkunst.
„Auch wenn die meisten Leute uns mögen, denken viele doch an Vagabunden und Nichtstuer. Sie interessieren sich für mein Spiel und wollen manchmal auch mit mir darüber sprechen, aber selten möchte jemand mich kennen lernen oder mehr über mich wissen."
Gabrielas Leben ist sehr unruhig. Das weiß sie auch: „Manchmal habe ich richtig Angst, den Boden unter den Füßen zu verlieren", erzählt sie uns. Trotzdem findet sie diesen Beruf fantastisch; sie möchte keinen anderen.

15. Fragen zum Text.

a) Was machen Straßenkünstler?
b) Kann ein Straßenkünstler viel Geld verdienen?
c) Was glauben Sie, warum liebt Gabriela ihren Beruf?
d) Wie hat Gabriela ihren Beruf angefangen?
e) Es gibt nur wenige Straßenkünstlerinnen. Warum? Was glauben Sie?

16. Machen Sie mit diesen Sätzen einen Text.

Beginnen Sie mit [1].

☐ Aber Gabriela ärgert sich nicht mehr.
☐ Deshalb kann sie jetzt ihr Geld allein verdienen.
☐ Gabriela hat dann einen Pantomimenkurs gemacht.
[1] Gabriela ist Straßenpantomimin.
☐ Das macht sie aber nicht – wie andere Straßenkünstler – in ihrer Freizeit.
☐ Sie lebt vom Straßentheater.
☐ Sie weiß, die meisten Leute freuen sich über ihr Spiel.
☐ Manche Leute regen sich über Straßenkünstler auf.
☐ Zuerst hat sie mit einem Freund gearbeitet.
☐ Aber dann hatten sie Streit.

Die Käsetheke
Inh. Gerd Kornfeld
54290 Trier

Trier, den 16.10.92

An das
Rathaus der Stadt Trier
Amt für öffentliche Ordnung
Am Augustinerhof
54290 Trier

Sehr geehrte Damen und Herren,

vor meinem Käse-Spezialitäten-Geschäft in der Fußgängerzone machen fast jeden Tag junge Leute Musik. Ich habe nichts gegen Musik, aber manchmal kann ich meine Kunden kaum verstehen, weil die Musik so laut ist. Jetzt im Sommer ist es besonders schlimm. Meine Frau und ich müssen uns von morgens bis abends die gleichen Lieder anhören.
Früher habe ich oft die Eingangstür meines Geschäfts offen gelassen, aber das ist jetzt gar nicht mehr möglich. Man versteht oft sein eigenes Wort nicht mehr. Außerdem stellen die Musiker sich genau vor den Eingang meines Ladens. Auch unsere Kunden beschweren sich darüber. Ich habe nichts gegen die jungen Leute - sie wollen sich mit der Musik ein bisschen Geld verdienen; das verstehe ich. Aber muss es ausgerechnet vor meinem Laden sein? Was würden Sie machen, wenn Sie hundertmal das gleiche Lied hören müssten? Haben wir Geschäftsleute denn keine Rechte?
Seit einigen Monaten kommen sogar Musikgruppen mit elektronischen Verstärkern und Lautsprechern. Man kann es nicht mehr aushalten!
Ich habe schon oft mit den "Straßenkünstlern" vor meiner Ladentür geredet, aber es nützt nichts. Erst heute hat einer zu mir gesagt: "Was wollen Sie denn? Haben Sie die Straße gekauft?"
Kann die Stadt nicht endlich etwas gegen diesen Musikterror tun?
Ich habe über dieses Problem auch schon mit vielen anderen Geschäftsleuten in der Fußgängerzone gesprochen. Sie sind alle meiner Meinung: Die Stadt muss etwas tun!
Ich bitte Sie deshalb dringend:
Verbieten Sie die Straßenmusik in der Fußgängerzone!

Mit freundlichen Grüßen
Kornfeld
G. Kornfeld

17. Immer Ärger mit den Straßenmusikanten?

22

Eine Reporterin fragt Passanten in der Fußgängerzone von Trier.

Also, ich ärgere mich immer über die Straßenmusikanten. Warum tut man nichts gegen diese laute Musik? Ich finde, man sollte das ganz verbieten. Die Straße ist doch kein Konzertsaal.

Mich stören die Straßenmusikanten eigentlich nur am Wochenende. Freitags und samstags ist es sowieso immer viel zu voll in der Fußgängerzone.

Genau. Wenn ich ein Geschäft hätte, würde ich mich auch über die Musiker beschweren. Oft spielen sie direkt vor den Eingängen und stören den Geschäftsverkehr. Die könnten doch auch woanders spielen.

Ich bin eigentlich für Straßenmusik. Es wäre traurig, wenn die Leute nur zum Arbeiten oder zum Einkaufen in die Stadt kommen würden. Aber ich kann die Geschäftsleute auch verstehen.

Straßenmusik? Darüber rege ich mich nicht auf. Die Musik in den Kaufhäusern ist doch genauso laut. Die müsste man dann auch verbieten. Meinen Sie nicht?

Was heißt hier überhaupt Straßenmusikanten? Die meisten können gar nicht richtig Musik machen. Wenn die Qualität besser wäre, hätte ich nichts gegen die Straßenmusik.

18. Wie finden Sie Straßenmusik? Diskutieren Sie.

Wenn	es keine Straßenmusik geben	würde, dann	wäre/hätte/würde…
	man die Straßenmusik verbieten		
	Ohne Straßenmusik/Straßenmusikanten		

Wenn	die Musik	besser	wäre,	wäre/hätte/würde …
	die Musikanten	leiser	wären,	

Wenn ich	ein Geschäft hätte,	dann	wäre	ich…	Man	sollte	…
	Straßenmusikant wäre,		hätte			müsste	
Als Geschäftsmann/Straßenmusikant			würde			könnte	

5

Der Nichtmacher

23

- ○ Was würden Sie eigentlich machen, wenn Sie…?
- □ Also wenn ich…, dann würde ich…!
- ○ Interessant! Sie würden tatsächlich…?
- □ Da bin ich sicher. Wenn ich…, dann würde ich sofort…!
- ○ Also, da wäre ich nicht so sicher.
- □ Ach nein? Was würden Sie denn machen, wenn Sie…?
- ○ Ehrlich gesagt – ich weiß es nicht.
- □ Wirklich nicht?
- ○ Wahrscheinlich würde ich gar nichts machen. Wissen Sie – ich weiß nämlich immer ziemlich genau, was ich *nicht* machen würde.
- □ Also, wenn *ich* genau wissen würde, was ich *nicht* machen würde, dann hätte ich bestimmt ziemlich große Angst.
- ○ Angst? Wovor denn?
- □ Vor der Zukunft.
- ○ Wirklich? Woher wissen Sie das?

Lektion 4

die Panne
der Reifen
der Autounfall
REPARATUREN
die Werkstatt
der Kofferraum
TANKSTELLE
KASSE
das Benzin
SUPER
NORMAL
DIESEL
der Motor
FAHRSCHULE
der Fahrlehrer

1

Kleinwagen sind immer beliebter. Wir haben vier Modelle getestet: den neuen Fiat Punto und drei seiner stärksten Konkurrenten.

Die Minis

Typ	Fiat Punto	Renault Clio	Opel Corsa	Ford Fiesta
Preis (incl. Mwst.) (€)	7.950,–	8.130,–	7.790,–	8.190,–
Motorleistung (kw/PS)	45	55	45	50
Höchstgeschw. (km/h)	145	155	143	143
Verbrauch (l/100 km)*	6,5 S	6,7 N	7,4 S	6,6 S
Gewicht (kg)	740	825	775	800
Länge (m)	3,69	3,71	3,63	3,74
Kofferraum (Liter)	968	1.055	845	930
Versicherung (€/Jahr)**	367,31	451,73	367,31	451,73
Steuer (€/Jahr)***	60,74	74,24	74,24	74,24
Kosten pro Kilometer (€)****	0,24	0,26	0,23	0,24

*S=Superbenzin, N=Normalbenzin **im Durchschnitt ***schadstoffarm Gruppe C ****durchschnittliche Kosten für Versicherung, Steuer, Benzin, Reparaturen, Wertverlust bei 15.000 km pro Jahr

1|24-25

1. Hören Sie die Dialoge A und B. Über welche Autos sprechen die Leute?

Dialog A: ____________ Dialog B: ____________

Superlativ

ist am höchsten

hat den höchsten Verbrauch
die höchste Geschwindigkeit
das höchste Gewicht
die höchsten Kosten

2. Welches Auto hat ...? Welches ist am ...?

Der Ford Fiesta ist am längsten.
Der Opel Corsa hat die niedrigsten Kosten pro Kilometer.
Der Opel Corsa hat den höchsten Benzinverbrauch.
Der Renault Clio hat die höchste Geschwindigkeit.
Der Fiat Uno hat ... / ist ...
Der ...

langsam	niedrig	leicht	klein	hoch	preiswert	viel
groß	schwach	billig	stark	teuer	wenig	schnell

§ 6, 7, 8

Komparativ

ist schwächer

hat einen schwächeren Motor als
eine höhere Leistung als
ein niedrigeres Gewicht als
– niedrigere Kosten als

3. Vergleichen Sie die Vor- und Nachteile der Autos.

Der Corsa ist langsamer als der Clio.
Der Uno hat einen größeren Kofferraum als ...
Der Clio hat einen höheren ... als ...

Der Uno hat genauso viele PS wie der ...
Der ... genauso ... wie ...

4. Hören Sie den Dialog. Was sagt Simone über ihren Wagen?

26

☐ Er verbraucht mehr Benzin, als im Prospekt steht.
☐ Er hat mehr Platz, als man denkt.
☐ Er ist nicht so bequem, wie man denkt.
☐ Er ist schneller, als der Verkäufer gesagt hat.
☐ Er ist genauso schnell, wie es im Prospekt steht.
☐ Er verbraucht weniger Benzin, als der Verkäufer gesagt hat.
☐ Er hat weniger Platz, als sie geglaubt hat.

5. Ärger mit dem Auto. Was ist hier kaputt? Was fehlt?

Motor	Spiegel	Öl	Bremse	Fahrlicht	Reifen	Bremslicht	Benzin

Der/Die/Das ... ist kaputt / funktioniert nicht. Es fehlt ...

6. Was ist passiert?

27

a) Hören Sie die drei Texte.

b) Welche Sätze sind richtig?

Dialog A:
☐ Ein Auto hat eine Panne.
☐ Hier ist ein Unfall passiert.
☐ Der Unfallwagen kommt.
☐ Der Mechaniker kommt.

Dialog B:
☐ Karl braucht Benzin.
☐ Karl braucht Öl.
☐ Karl muß zur Tankstelle gehen.

Dialog C:
☐ Das Fahrlicht funktioniert nicht.
☐ Die Bremsen funktionieren nicht.
☐ Der Scheibenwischer funktioniert nicht.
☐ Das Bremslicht funktioniert nicht.

28

7. Hören Sie den Dialog.

a) Hören Sie den Dialog 1 und ordnen Sie die Sätze.

Morgen erst? Ich brauche ihn aber unbedingt noch heute. Natürlich, kein Problem.
Morgen Mittag. Ich kann es Ihnen nicht versprechen. Wir versuchen es.
Der Motor verliert Öl und die Bremsen ziehen nach links. Vielen Dank!
Sonst noch etwas? Mein Name ist Wegener. Ich habe für heute einen Termin.
Nein. Wann kann ich den Wagen abholen? Richtig, Herr Wegener. Was ist denn kaputt?
Na gut. Können Sie mich anrufen, wenn der Wagen fertig ist?

b) Hören Sie die Dialoge 2 und 3. Welcher Satz passt zu welchem Dialog?

29-30

	Dialog 2	Dialog 3
Die Werkstatt soll die Reifen wechseln.	☐	☐
Die Fahrertür klemmt.	☐	☐
Das Fahrlicht vorne links ist kaputt.	☐	☐
Der Benzinverbrauch ist zu hoch.	☐	☐
Der Wagen ist am Freitag fertig.	☐	☐
Der Motor läuft nicht richtig.	☐	☐
Die Werkstatt soll die Bremsen prüfen.	☐	☐
Der Wagen ist am Donnerstag fertig.	☐	☐

c) Schreiben Sie ähnliche Dialoge und spielen Sie sie.

Herr Wegener holt sein Auto ab. Die Werkstatt sollte nur die Bremsen reparieren, aber nicht die Handbremse. Herr Wegener ärgert sich darüber, denn diese Reparatur hat 51 Euro 40 extra gekostet. Er beschwert sich deshalb.

○ Sie sollten doch nur die Bremsen reparieren, aber nicht die Handbremse. Das können Sie doch nicht machen.
□ Aber die Handbremse hat nicht funktioniert. Das ist doch gefährlich.
○ Ich brauche die Handbremse nie.
□ …

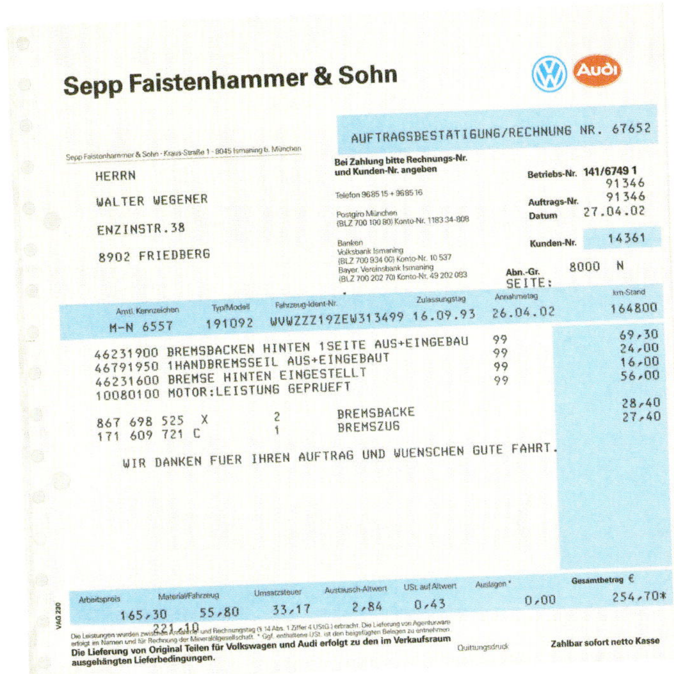

Sepp Faistenhammer & Sohn

AUFTRAGSBESTATIGUNG/RECHNUNG NR. 67652

Sepp Faistenhammer & Sohn · Kraus-Straße 1 · 8045 Ismaning b. München

HERRN
WALTER WEGENER
ENZINSTR.38
8902 FRIEDBERG

Bei Zahlung bitte Rechnungs-Nr. und Kunden-Nr. angeben

Telefon 9685 15 + 9685 16

Postgiro München (BLZ 700 100 80) Konto-Nr. 1183 34-808

Banken
Volksbank Ismaning (BLZ 700 934 00) Konto-Nr. 10 537
Bayer. Vereinsbank Ismaning (BLZ 700 202 70) Konto-Nr. 49 202 083

Betriebs-Nr. 141/6749 1
91346
Auftrags-Nr. 91346
Datum 27.04.02
Kunden-Nr. 14361
Abn.-Gr. 8000 N
SEITE:

Amtl. Kennzeichen	Typ/Modell	Fahrzeug-Ident-Nr.	Zulassungstag	Annahmetag	km-Stand
M-N 6557	191092	WVWZZZ19ZEW313499	16.09.93	26.04.02	164800

46231900	BREMSBACKEN HINTEN 1SEITE AUS+EINGEBAU	99	69,30
46791950	1HANDBREMSSEIL AUS+EINGEBAUT	99	24,00
46231600	BREMSE HINTEN EINGESTELLT	99	16,00
10080100	MOTOR:LEISTUNG GEPRUEFT	99	56,00
867 698 525 X	2 BREMSBACKE		28,40
171 609 721 C	1 BREMSZUG		27,40

WIR DANKEN FUER IHREN AUFTRAG UND WUENSCHEN GUTE FAHRT.

Arbeitspreis	Material/Fahrzeug	Umsatzsteuer	Austausch-Altwert	USt. auf Altwert	Auslagen *	Gesamtbetrag €
165,30	55,80	33,17	2,84	0,43	0,00	254,70*
221,10						

VAG 230

Die Leistungen wurden zwischen Annahme- und Rechnungstag (§ 14 Abs. 1 Ziffer 4 UStG.) erbracht. Die Lieferung von Agenturware erfolgt im Namen und für Rechnung der Mineralölgesellschaft. * Ggf. enthaltene USt. ist den beigefügten Belegen zu entnehmen.
Die Lieferung von Original Teilen für Volkswagen und Audi erfolgt zu den im Verkaufsraum ausgehängten Lieferbedingungen.

Quittungsdruck

Zahlbar sofort netto Kasse

8. Schreiben Sie den Dialog weiter und spielen Sie ihn dann.

9. Schreiben Sie ähnliche Dialoge und spielen Sie sie.

a) Sie wollten für Ihr Auto zwei neue Reifen, aber die Werkstatt hat vier montiert.
b) Sie wollten nur für 20 Euro tanken, aber der Tankwart hat den Tank voll gemacht.

Sie können folgende Sätze verwenden:

Das können Sie nicht mit mir machen! / geht doch nicht! / dürfen Sie nicht so einfach!

Das interessiert mich nicht! / ist mir egal! / überzeugt mich nicht!

Sicher, / Das stimmt, / Sie haben Recht, / Das tut mir Leid, / Das ist richtig, — aber …

Das glaube ich nicht! / stimmt nicht! / ist nicht wahr! / ist falsch! / ist gelogen!

Da haben Sie Recht.
Das habe ich nicht gewusst.
Das tut mir Leid.
Verzeihung!

3

Vom Blech zum Auto

Autoproduktion bei Volkswagen in Wolfsburg

Sehr früh morgens werden Montageteile und Material mit Zügen und Lastwagen nach Wolfsburg gebracht. Das Blech für die Autokarosserien kommt mit der Bahn.

Zuerst wird das Blech automatisch geschnitten, dann werden daraus die Karosserieteile gepresst: Dächer, Böden, Seitenteile usw.

Danach werden die Blechteile zusammengeschweißt. Schwere Arbeit wird von Robotern gemacht.

Jetzt werden die Karosserien lackiert. Jede Karosserie wird mehrere Male gespritzt. So wird sie gegen Rost geschützt.

Dann wird das Auto fertig montiert: Motor, Räder, Sitze usw. Die Autos werden noch einmal geprüft…

…und dann – von einem eigenen Bahnhof aus – zu den Käufern geschickt.

10. Schreiben Sie einen kleinen Text.

§ 21

a) Setzen Sie die Sätze richtig zusammen.

Das fertige Auto		von Robotern	geschweißt.
Das Karosserieblech	wird	noch einmal	geprüft.
Motor, Räder und Sitze		gegen Rost	gebracht.
Die Karosserien		mit Zügen und Lastwagen	montiert.
Die fertigen Blechteile	werden	automatisch	geschützt.
Das Material		von Arbeitern	geschnitten.

Roboter schweißen die Bleche.
(Aktiv)

Die Bleche <u>werden</u> von Robotern <u>geschweißt</u>.
(Passiv)

b) Bringen Sie die Sätze in die richtige Reihenfolge. Machen Sie dann einen kleinen Text daraus. Beginnen Sie die Sätze mit *sehr früh morgens, zuerst, dann, danach, später, zuletzt:*

Sehr früh morgens wird … Zuerst wird …
Dann werden …

11. Ergänzen Sie die Sätze.

Opel in Rüsselsheim. In der Karosserieabteilung werden die Bleche geformt.

Hier arbeitet eine komplizierte Maschine. Sie formt die Bleche.

Hier werden die Karosserieteile geschweißt. Diese Arbeit wird von Robotern gemacht.

Das sind Roboter. Sie…

In der Montageabteilung werden Motor, Reifen, Lampen und Bremslichter montiert.

Hier arbeitet Stefanie Jäger. Sie…

Zum Schluss wird das ganze Auto geprüft.

Bernd Ebers arbeitet schon seit 12 Jahren bei Opel. Er…

Ein Autohaus in Schwerin. Hier wird gerade ein Auto verkauft.

Christian Krüger ist Verkäufer bei Opel. Er…

1) 31-35

12. Berufe rund ums Auto.

a) Hören Sie die fünf Dialoge zu dieser Übung. Was für Berufe haben die Leute?

Der Berufskraftfahrer
Die Berufskraftfahrerin
Dialog ______

Der Tankwart
Die Tankwartin
Dialog ______

Der Autoverkäufer
Die Autoverkäuferin
Dialog ______

Der Fahrlehrer
Die Fahrlehrerin
Dialog ______

Der Automechaniker
Die Automechanikerin
Dialog ______

b) Lesen Sie die folgenden Texte. Ergänzen Sie die Berufsbezeichnungen.

Berufe rund ums Auto

In Deutschland leben rund 5 Millionen Arbeitnehmer vom Auto. Aber nur gut 2 Millionen arbeiten direkt für das Auto: in den großen Autofabriken, in kleineren Autoteilefabriken, in Tankstellen oder Werkstätten und in Autogeschäften. Die anderen Stellen sind in Büros, Ämtern und im Straßenbau. Informationen über die wichtigsten Berufe rund ums Auto finden Sie auf dieser Seite.

1. Der ______________ / die ______________
400 bis 550 Kilometer täglich sind normal. Das ist keine leichte Arbeit, denn auf Europas Straßen gibt es immer mehr Verkehr. Trotzdem muss man immer pünktlich sein. Man ist oft mehrere Tage von seiner Familie getrennt. Ausbildung: Hauptschule, 3 Jahre Ausbildung. Verdienst: zwischen 1300 und 1800 Euro netto. Chancen: sehr gut

2. Der ______________ / die ______________
Der Beruf ist bei Jungen sehr beliebt, aber auch einige Mädchen möchten gerne ______________ werden. Man arbeitet in Werkstätten und an Tankstellen und repariert und pflegt Autos. Die Arbeit ist heute nicht mehr so anstrengend und schmutzig wie früher. Nach einer Prüfung als Kfz-Meister oder Kfz-Meisterin kann man eine eigene Werkstatt aufmachen. Ausbildung: Hauptschule, dreieinhalb Jahre Ausbildung. Verdienst: 1000 bis 2000 Euro, je nach Arbeitsort und Leistung. Chancen: es geht, es gibt schon viele ______________

3. Der ______________ / die ______________
______________ arbeiten als Angestellte oder sind selbständig. Sie lehren die Fahrschüler das Autofahren, erklären ihnen im Unterricht die Verkehrsregeln und bereiten sie auf die Führerscheinprüfung vor. Für diesen Beruf braucht man sehr viel Geduld und gute Nerven. Ausbildung: Nach abgeschlossener Berufsausbildung oder Abitur wird man in einem Kurs von 5 Monaten auf die staatliche Prüfung vorbereitet. Verdienst: 2500 bis 3000 Euro (als Angestellter), als Selbständiger mehr. Chancen: unterschiedlich; in Großstädten ist die Konkurrenz groß

4. Der ______________ / die ______________
______________ versorgen Kraftfahrzeuge mit Benzin, Diesel, Gas und Öl, verkaufen Autozubehörteile und andere Artikel wie Zeitschriften, Zigaretten und Getränke. Technische Arbeiten gehören auch zum Beruf, z.B. Reifen montieren, Batterien testen und Glühbirnen wechseln. Man berät Kunden, bedient die Kasse und kontrolliert das Warenlager. Die Arbeitszeit kann sehr unregelmäßig sein, denn viele Tankstellen sind auch abends, nachts und am Wochenende geöffnet. Ausbildung: Hauptschule, 3 Jahre Ausbildung. Verdienst: 1100 bis 1300 Euro. Chancen: als Selbständiger ganz gut, als Angestellter schlechter

5. Der ______________ / die ______________
Man verkauft nicht nur Autos und berät Kunden, man muss auch Büroarbeit machen, Autos an- und abmelden und für Kunden Bankkredite und Versicherungspolicen besorgen. Viele arbeiten im Zubehörhandel. Ausbildung: 3 Jahre nach der Hauptschule. Verdienst: sehr unterschiedlich, zwischen 1500 und 6000 Euro. Chancen: sehr gut, wenn man Erfolg hat

Schichtarbeit

Viele Deutsche machen Schichtarbeit. Ihre Arbeitszeit wechselt ständig. Sie tun es, weil ihr Beruf es verlangt (wie bei Ärzten, Schwestern, Polizisten und Feuerwehrleuten) oder weil sie mehr Geld verdienen wollen. Schichtarbeiter und ihre Familien leben anders. Wie, das lesen Sie in unserem Bericht. Zum Beispiel: Familie März.

Franziska März, 33, aus Hannover ist verheiratet und hat eine zwölf Jahre alte Tochter und einen kleinen Sohn von

Franziska März arbeitet seit sechs Jahren in diesem Bahnhofskiosk.

vier Jahren. Sie arbeitet als Verkäuferin in einem Bahnhofskiosk, jeden Tag von 17 bis 22 Uhr. Seit sechs Jahren macht sie diesen Job.
Ihr Mann Jürgen, 37, ist Facharbeiter und arbeitet seit elf Jahren bei einer Autoreifenfabrik. Er arbeitet Frühschicht von 6 Uhr morgens bis 14.30 Uhr oder Nachtschicht von 23 Uhr bis 6 Uhr. Einen gemeinsamen Feierabend kennen die Ehe-

Wenn seine Frau arbeitet, sorgt Jürgen März für die Kinder.

leute nicht. Wenn seine Frau arbeitet, hat er frei. Dann sorgt er für die Kinder und macht das Abendessen.
„In der Woche sehen wir uns immer nur vormittags oder nachmittags für ein paar Stunden. Da bleibt wenig Zeit für Gespräche und für Freunde", sagt Franziska März. Jürgen März muss alle vier Wochen sogar am Wochenende arbeiten. „Er schläft nicht sehr gut und ist oft ziemlich nervös. Unsere Arbeit ist nicht gut für das Familienleben, das wissen wir", sagt seine Frau.
Trotzdem wollen beide noch ein paar Jahre so weitermachen, denn als Schichtarbeiter verdienen sie mehr. Und sie brauchen das Geld, weil sie sich ein Reihenhaus gekauft haben. „Mit meinem Gehalt bin ich zufrieden. Ich bekomme 11,15 Euro pro Stunde plus 60% extra für die Nachtarbeit, für Überstunden bekomme ich 25% und für Sonntagsarbeit sogar 100% extra. Pro Jahr habe ich 30 Arbeitstage Urlaub und zwischen den Schichten immer drei Tage frei. Das ist besonders gut, denn dann kann ich am Haus und im Garten arbeiten."
Franziska März verdient weniger, 7,30 Euro pro Stunde. „Obwohl ich keinen Schichtzuschlag bekomme wie Jürgen, bin ich zufrieden. Als Verkäuferin in einem Kaufhaus würde ich weniger verdienen." Die Familie März hat zusammen 3200 Euro brutto pro Monat. Außerdem bekommen beide noch ein 13. Monatsgehalt und Jürgen auch Urlaubsgeld. Dafür können sie sich ein eigenes Haus leisten, ein Auto, schöne Möbel und auch eine kleine Urlaubsreise pro Jahr.
Aber sie bezahlen dafür ihren privaten Preis: weniger Zeit für Freunde und die Familie, Nervosität und Schlafstörungen. Arbeitspsychologen und Mediziner kennen diese Probleme und warnen deshalb vor langjähriger Schichtarbeit. *Eva Tanner*

13. Welche Informationen finden Sie über Herrn und Frau März im Text?

	Vorname	Alter	Beruf	arbeitet wo?	seit wann?	Arbeitszeit	Stundenlohn
er							
sie							

14. Interviewfragen

a) Für ihren Zeitungsartikel hat die Reporterin Eva Tanner ein Interview mit Familie März gemacht. Welche Fragen hat sie wohl gestellt?

b) Partnerarbeit: Bereiten Sie ein Interview mit Herrn und Frau März vor und spielen Sie es dann im Kurs.

Was können Sie ...? Wo ...? Wann ...? Wie lange ...? Wie viel ...? Warum ...? Welche Vorteile/Nachteile ...? Wie alt ...?

15. Familie Behrens

36

Auch Herr und Frau Behrens haben unterschiedliche Arbeitszeiten.

a) Welche Stichworte passen zu Frau Behrens [F], welche zu Herrn Behrens [H], welche zu beiden [b]?

- ☐ Ingrid Behrens, 29, aus Ulm
- ☐ Norbert Behrens, 27, Taxifahrer
- ☐ Sohn, 4 Jahre, morgens im Kindergarten
- ☐ immer Nachtschicht von 20 bis 7 Uhr, immer am Wochenende, hat montags und dienstags frei
- ☐ ist Krankenschwester, Arbeitszeit 8 bis 13 Uhr
- ☐ ist mit der Familie und Freunden weniger zusammen, aber dafür intensiver
- ☐ nachmittags machen sie und ihr Mann gemeinsam den Haushalt, spielen mit dem Kind, gehen einkaufen
- ☐ mag seine Arbeit
- ☐ macht nach der Arbeit morgens das Frühstück, schläft dann bis 14 Uhr
- ☐ findet Nachtarbeit nicht schlimm, nur der Straßenlärm beim Tagesschlaf stört; suchen deshalb eine ruhigere Wohnung
- ☐ verdient 720 Euro brutto
- ☐ verdient zwischen 1 000 und 1 500 Euro
- ☐ müssen beide arbeiten, sonst reicht das Geld nicht
- ☐ möchte ein eigenes Taxi kaufen und selbständig arbeiten, beide geben deshalb wenig Geld aus

b) Beschreiben Sie die Situation von Herrn und Frau Behrens. Ordnen Sie zuerst die Stichworte und erzählen Sie dann.

c) Schreiben Sie einen kurzen Text über die Familie Behrens.

Ingrid und Norbert Behrens wohnen in Ulm. Sie haben einen Sohn, er ist 4 Jahre alt. Ingrid Behrens bringt ihn morgens ..., dann ...

16. Lohn-/Gehaltsabrechnung

Lesen Sie die Gehaltsabrechnung von Herrn März.
Erklären Sie den Unterschied zwischen Netto- und Bruttolohn.

Lohn- / Gehaltsabrechnung

Personal-Nr. M 243 976-01
Name Jürgen März
Zeitraum 01.06 - 30.06

Lohn / Gehalt

162 Stunden à € 11,15		€ 1722,85
Zuschläge für		
10 Stunden Mehrarbeit (25%)		€ 27,87
8 Stunden Sonntags/Feiertagsarbeit (100%)		€ 89,17
8 Stunden Samstagsarbeit (40%)		€ 35,67
74 Nachtarbeit (60%)		€ 494,89
13. Monatsgehalt / Urlaubsgeld		--
Essengeld		€ 30,68
Fahrgeld		€ 28,12
Vermögensbildung		€ 39,88
	Bruttolohn	€ 2469,12

Abzüge

Lohnsteuer (Klasse IV / 2 Kinder)		€ 454,16
Kirchensteuer evangelisch		€ 40,87
Krankenversicherung	€ 333,33 - 50% Arbeitnehmeranteil	€ 166,66
Arbeitslosenversicherung	€ 160,49 - 50% Arbeitnehmeranteil	€ 80,24
Rentenversicherung	€ 432,09 - 50% Arbeitnehmeranteil	€ 216,05
Summe der Abzüge		€ 957,98
	Nettolohn	€ 1511,14

Überweisung auf Konto Nr. 045 678 Stadtsparkasse

17. Haushaltsgeld – wofür?

a) Wie viel Geld verdient eine Durchschnittsfamilie (4 Personen) in Deutschland? Wie viel gibt sie für Essen, Kleidung, Auto usw. aus?

b) Herr und Frau März verdienen zusammen 2 300 Euro netto pro Monat. Wie hoch sind ihre regelmäßigen Ausgaben und wofür werden sie verwendet? Wie viel Geld haben sie pro Monat übrig? Was macht die Familie wohl mit diesem Geld? Was meinen Sie? Wofür würden Sie persönlich das Geld ausgeben?

c) Vergleichen Sie die Familie März und die deutsche Durchschnittsfamilie.

Regelmäßige Ausgaben

Haushalt	640,-
Lebensversicherung	100,-
Baukredit	646,-
Heizung	59,-
Telefon	40,-
Wasser und Strom	43,-
Kindergarten	46,-
Auto	165,-
Bausparvertrag	100,-
andere Ausgaben	150,-
	1989,-

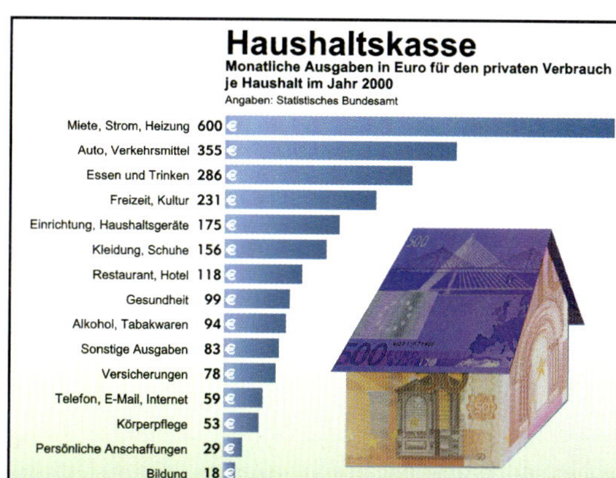

7

37

Kavalierstart

○ hui, hui, hui, hui, hui, hui, hui, hui, …
□ Na, will er heute nicht?
○ hui, hui, hui, hui, hui, ploff, ploff – ploff – Mist!
□ Zuviel Gas gegeben. Jetzt sind die Zündkerzen nass.
○ hui, hui, hui, hui, ploff, ploff, ploffploffploff… Nun komm schon endlich!
□ Jetzt kommt er gleich. Nicht aufs Gaspedal drücken!
○ hui, hui, hui, hui, ploff, ploff – ploff – peng! – Verdammte Mistkarre!
□ Oder es ist der Verteiler…
○ hui, hui, hui, hui, hui, hui, hui, hui…
□ Vorsicht mit der Batterie. Lange tut sie's nicht mehr.
○ hui, hui, hui, hui, ploffploff-patsch-peng…hui, hui – hui. – So eine Mistkarre, so eine verdammte!
□ Also, ich würde mal ein paar Stunden warten. Damit die Zündkerzen trocknen…
○ hui, hui, hui, hui, hu… hu….hu…..i…..i……
□ Gute Nacht!

Lektion 5

die Hochzeit
sich verlieben
sich küssen
sich streiten
das Ehepaar
die Geburt
die Kinder erziehen
die Mutter
die Großmutter
die Enkelin
der Vater
der Großvater
der Enkel

1

Die beste Lösung für Barbara

Er findet mich zu dick – ich versuche abzunehmen.

Er mag keine Zigaretten – ich versuche weniger zu rauchen.

Er findet mich zu nervös – ich versuche ruhiger zu sein.

Er liebt Pünktlichkeit – ich versuche pünktlicher zu sein.

Er findet mich langweilig – ich versuche aktiver zu sein.

Er findet mich unfreundlich – ich versuche netter zu sein.

Er sagt, ich arbeite zuviel – ich versuche weniger zu arbeiten.

Er will mich ganz anders – ich versuche einen anderen Mann zu finden.

§ 30

1. Was macht Barbara?

Barbaras Mann sagt:	Was macht Barbara?
„Du isst zu viel.“	Sie versucht weniger zu essen.
„Ich mag es nicht, wenn du rauchst.“	Sie versucht …
„Du bist zu unruhig.“	Sie…
„Du kommst schon wieder zu spät.“	…
„Andere Frauen sind aktiver.“	
„Warum lachst du nie?“	
„Du kommst immer so spät aus dem Büro.“	
„Dein Essen schmeckt nicht.“	

2. Was gefällt Ihnen bei anderen Leuten? Was gefällt Ihnen nicht?

Ich hasse es, wenn jemand zu viel redet.

Unhöfliche Leute kann ich nicht leiden.

Ich mag lustige Leute.

Mir gefällt es, wenn jemand Humor hat.

Tiere mögen oft schlechte Laune haben Kinder mögen gut aussehen zu viel Alkohol trinken rauchen dauernd über Geld sprechen …

aggressiv dumm freundlich doof dick langweilig ehrlich pünktlich intelligent neugierig höflich laut …

3. Wie finden Sie Ihre Freunde, Ihre Bekannten, Ihre …? Was gefällt Ihnen? Was gefällt Ihnen nicht?

Mein	Kollege	vergisst	immer		mir	zu helfen./zu reden.
Meine	Kollegin	versucht	meistens		mich	zu ärgern./zu entschuldigen.
	Chef(in)		oft		sich	zu unterhalten./anzurufen.
	Nachbar(in)		manchmal		sich mit mir	zu gehen./einzuladen.
	Freund(in)		…		mit mir	zu flirten./zu machen.
	Schwester	hat	selten	Lust	essen/tanzen	zu kritisieren./zu kochen.
	Bruder		nie	Zeit	eine Pause	zu …
	Lehrer(in)		…		über Politik	
	…	hilft mir	nie		die Wohnung	aufzuräumen.
			selten		…	…

38

4. Wolfgang und Carola haben Streit.

a) Hören Sie den Dialog.
b) Was ist richtig?

A. Wolfgang kommt zu spät nach Hause, weil
- ☐ er länger arbeiten musste.
- ☒ ein Kollege Geburtstag hatte.
- ☐ er eine Kollegin nach Hause gebracht hat.

B. Wolfgang wollte Carola anrufen, aber
- ☒ es war dauernd besetzt.
- ☐ das Telefon war kaputt.
- ☐ er konnte kein Telefon finden.

C. Carola hat
- ☐ gar nicht telefoniert.
- ☐ ihre Mutter in Bremen angerufen.
- ☒ mit ihrer Schwester in Budapest telefoniert.

D. Wolfgang ärgert sich, weil
- ☐ die Telefonrechnungen immer sehr hoch sind.
- ☐ Carola kein Abendessen gemacht hat.
- ☐ Carola zu viel Geld für Kleider ausgibt.

E. Carola ist unzufrieden, weil
- ☐ Wolfgang am Wochenende immer arbeitet.
- ☐ Wolfgang zu wenig Geld verdient.
- ☒ Wolfgang zu wenig mit ihr spricht.

5. Auch Hertha und Georg streiten sich ziemlich oft. Sie gehen zu einem Eheberater und erzählen ihm ihre Probleme.

a) Was kritisiert Georg an Hertha? Was kritisiert Hertha an Georg? Was meinen Sie?
Finden Sie für jeden fünf Sätze. Sie können auch selbst Sätze bilden.
b) Wenn Sie möchten, können Sie das Gespräch auch spielen.

Er/Sie vergisst… hilft… versucht… hat nie Lust… hat nie Zeit… hat nicht gelernt… hat Angst…

mich morgens wecken
Geld sparen
den Fernseher ausmachen
die Wohnung aufräumen
mich küssen
mir alles erzählen
ins Kino gehen
in der Küche helfen
Frühstück machen
Kinder in den Kindergarten bringen
sich duschen
mit den Kindern spielen
mit anderen Männern flirten
…
Hosen in den Schrank hängen

Junge Paare heute:

Erst mal leben – Kinder später

Thema des Tages

Wenn junge Paare heute heiraten, dann wollen sie meistens nicht sofort Kinder bekommen. Viele möchten in den ersten Ehejahren frei sein und das Leben genießen. Andere wollen zuerst mal Karriere machen und Geld verdienen, um sich ein eigenes Haus, schöne Möbel und ein neues Auto kaufen zu können. Kinder sollen erst später oder überhaupt nicht kommen.

Eine Untersuchung der Universität Bielefeld hat gezeigt:

- nur 10 Prozent der jungen Ehepaare wollen gleich nach der Heirat Kinder.
- 30 Prozent haben keine klare Meinung. Eigentlich möchten sie Kinder, aber sie finden, dass Beruf, Karriere, Reisen und Anschaffungen in den ersten Ehejahren genauso wichtig sind.
- 60 Prozent finden, dass berufliche Karriere und Anschaffungen am Anfang der Ehe wichtiger sind. Nach einigen Jahren möchten sie dann vielleicht auch Kinder haben.

6. Hören Sie vier Interviews. Wie passen die Sätze zusammen?

39-42

Martin (30) und Astrid (28) Harig, Lehrer/Verkäuferin, Gütersloh

Volker (25) und Bärbel (26) Sowisch, Angestellter/Beamtin, Celle

Heinz (23) und Agnes (21) Lehnert, Bürokaufmann/Auszubildende (Verlagskauffrau), Halle

Thomas (29) und Claudia (26) Tempe, Fahrlehrer/Arzthelferin, Ulm

Astrid meint, ___
Sie möchte mit ihrem Mann ___
Kinder würden ___
Bärbel und ihr Mann wollen jetzt noch kein Baby, ___
Bärbel muss arbeiten, ___
Außerdem müssen sie ___
Heinz und seine Frau ___
Er hofft, ___
Außerdem möchte er, dass seine Frau ___
Claudia sagt, ___
Sie und ihr Mann ___
Sie meinen, ___

a) dass junge Eltern für Kinder besser sind.
b) lieben Kinder sehr.
c) noch viel für ihre Wohnung anschaffen.
d) obwohl sie Kinder lieben.
e) dass ein Ehepaar keine Kinder haben muss.
f) dass sie sofort ein Kind haben will.
g) erst noch ihren Abschluss macht.
h) oft in Konzerte gehen.
i) sie und ihren Mann nur stören.
j) weil ihr Mann nicht viel verdient.
k) wollen noch drei Jahre ohne Kinder bleiben.
l) dass sie dann eine Wohnung mit Garten haben.

4

Wir haben geheiratet
Helmut Schwarz
Burglind Schwarz
geb. Marquardt
33689 Bielefeld, Am Stadion 20
z.Z. auf Hochzeitsreise

Wir verloben uns
Karin Bonner
Moorpad 7
26345 Bockhorn
Michael Kreymborg
Hinterbusch 22
26316 Varel

7. Hören Sie den Modelldialog. Machen Sie weitere Dialoge nach diesem Muster.

43

○ Sag mal, stimmt es, dass Burglind geheiratet hat?
□ Ja, das habe ich auch gehört.
○ Und – ist er nett?
□ Ich weiß nur, dass er Helmut heißt.
○ Kennt sie ihn schon lange?
□ Das weiß ich nicht. Sie hat ihn im Urlaub kennen gelernt, glaube ich.

§ 14, 25

Nebensatz mit „dass“	**Hauptsatz**
Ich habe gehört, dass Burglind geheiratet hat.	Burglind hat geheiratet.

a) Burglind hat geheiratet. Ihr Mann heißt Helmut. Sie hat ihn im Urlaub kennen gelernt
b) Karin hat sich verlobt. Ihr Verlobter heißt Kurt. Sie hat ihn in einer Diskothek kennen gelernt.
c) Giorgio hat eine Freundin. Sie ist Italienerin. Er hat sie im Deutschkurs kennen gelernt.
d) Max hat geheiratet. Seine Frau ist Sekretärin. Er hat sie in seiner Firma kennen gelernt.
e) Herr Krischer hat sich verlobt. Seine Verlobte heißt Maria. Er hat sie in der Universität kennen gelernt.
f) Ina hat einen neuen Freund. Er ist Ingenieur. Sie hat ihn in der U-Bahn kennen gelernt.

8. Meinungen, Urteile, Vorurteile ...

44

Ich glaube, dass Liebe in der Ehe am wichtigsten ist.
Ich bin dagegen, dass eine Ehefrau arbeitet.
Ich glaube, dass die Ehe die Liebe tötet.
Ich bin überzeugt, dass alle Frauen gern heiraten wollen.
Ich bin der Meinung, dass eine Ehe ohne Kinder nicht glücklich sein kann.
Ich bin sicher, dass die Ehe in 50 Jahren tot ist.
Ich finde, dass man schon sehr jung heiraten soll.

a) Was denken Sie über die Ehe? Schreiben Sie fünf Sätze.
b) Wie finden Sie die Meinungen der anderen Kursteilnehmer?

Das ist nicht ganz falsch. | Das ist doch Unsinn! | Na ja, ich weiß nicht.
Ich finde, dass... | Ich bin dafür, dass... | Sicher, aber ich meine, dass...

»So ist es jeden Abend«

Im Sommer ist es schön, weil wir dann abends in den Garten gehen. Dann grillen wir immer, und mein Vater macht ganz tolle Salate und Soßen.
Nicola, 9 Jahre

Bei uns möchte jeder abends etwas anderes. Ich möchte mit meinen Eltern spielen, meine Mutter möchte sich mit meinem Vater unterhalten, und mein Vater will die Nachrichten sehen. Deshalb gibt es immer Streit.
Holger, 11 Jahre

Bei uns gibt es abends immer Streit. Mein Vater kontrolliert meine Hausaufgaben und regt sich über meine Fehler auf. Meine Mutter schimpft über die Unordnung im Kinderzimmer. Dann gibt es Streit über das Fernsehprogramm. Mein Vater will Politik sehen und meine Mutter einen Spielfilm. So ist das jeden Abend.
Heike, 11 Jahre

Mein Vater will abends immer nur seine Ruhe haben. Wenn wir im Kinderzimmer zu laut sind, sagt er immer: »Entweder ihr seid still oder ihr geht gleich ins Bett!«
Susi, 8 Jahre

Ich möchte abends gern mit meinen Eltern spielen. Mutter sagt dann immer: »Ich muss noch aufräumen« oder »Ich fühle mich nicht wohl«. Und Vater will fernsehen.
Sven-Oliver, 8 Jahre

Bei uns ist es abends immer sehr gemütlich. Meine Mutter macht ein schönes Abendessen und mein Vater und ich gehen mit dem Hund spazieren. Nach dem Essen darf ich noch eine halbe Stunde aufbleiben.
Petra, 9 Jahre

Meine Mutter möchte abends manchmal weggehen, ins Kino oder so, aber mein Vater ist immer müde. Oft weint meine Mutter dann und mein Vater sagt: »Habe ich bei der Arbeit nicht genug Ärger?«
Frank, 10 Jahre

Wenn mein Vater abends um sieben Uhr nach Hause kommt, ist er ganz kaputt. Nach dem Essen holt er sich eine Flasche Bier aus dem Kühlschrank und setzt sich vor den Fernseher. Meine Mutter sagt dann immer: »Warum habe ich dich eigentlich geheiratet?«
Brigitte, 10 Jahre

9. Familienabend

a) Zu welchen Texten von Seite 65 passen die Sätze? Welche passen zu keinem Text?

Nicola	Holger	Heike	Susi	Sven	Petra	Frank	Brigitte	niemand

(A) Der Vater will jeden Abend fernsehen.
(B) Der Vater hat schlechte Laune, weil er sich im Betrieb geärgert hat.
(C) Der Vater muss abends lange arbeiten.
(D) Dem Vater schmeckt das Essen nicht.
(E) Die Mutter ist ärgerlich, weil der Vater abends immer müde ist.
(F) Die Mutter schimpft immer über die Unordnung im Kinderzimmer.
(G) Abends kommt oft Besuch.
(H) Die Kinder sind abends alleine, weil die Eltern weggehen.
(I) Die Kinder dürfen abends ihre Freunde einladen.
(J) Die Eltern haben abends keine Lust mit den Kindern zu spielen.
(K) Es gibt Streit über das Fernsehen.
(L) Der Abend ist immer sehr gemütlich.
(M) Die Kinder müssen entweder ruhig sein oder sie müssen ins Bett.

45-46

10. Was macht der Mann abends? Was macht die junge Frau abends?

a) Hören Sie die Texte auf der Kassette.
b) Welche Stichworte passen zu Günter G, welche zu Vera V?

Günter Kramer (31), Bürokaufmann, verheiratet, 2 Kinder, Hannover

Vera Meister (24), Sekretärin, ledig, Berlin

- ☐ alte Filme
- ☐ Bekannte treffen
- ☐ ein Bier
- ☐ Stammkneipe
- ☐ erstmal müde
- ☐ etwa fünf Uhr
- ☐ Dusche
- ☐ fernsehen
- ☐ Freunde einladen
- ☐ gegen sieben Uhr
- ☐ Jazztanz
- ☐ Kaffee trinken
- ☐ Kinder: spielen / Hausaufgaben
- ☐ nicht fernsehen
- ☐ nicht stören dürfen
- ☐ Theaterabonnement
- ☐ tolles Menü
- ☐ Viertel nach vier
- ☐ Zeitung
- ☐ Sauna
- ☐ zu Hause bleiben
- ☐ zweimal pro Woche zum Sport

c) Berichten Sie: Wie verbringen Günter und Vera ihren Feierabend?
Günter kommt meistens gegen fünf Uhr nach Hause. Dann …

d) Was machen Sie abends? Erzählen Sie.

11. Die Familie in Deutschland früher und heute

Früher …

- heiratete man sehr früh.
- verdiente nur der Mann Geld.
- kümmerte sich der Vater nur selten um die Kinder.
- hatten die Familien viele Kinder.
- half der Mann nie im Haushalt.
- erzog man die Kinder sehr streng.
- lernten nur wenige Frauen einen Beruf.
- wurden die Kinder geschlagen.
- lebten die Großeltern meistens bei den Kindern.
- lebten keine unverheirateten Paare zusammen.
- war der Mann der Herr im Haus.

§ 19

Heute …

____

____

____

auch oft/öfter
weniger seltener
später nicht so
meistens mehr
…

Heute Präsens	Früher Präteritum
Man ist …	Man war …
Man hat …	Man hatte …
Man heiratet …	Man heiratete …
Man erzieht …	Man erzog …

6

Fünf Gen

auf de

So ein Foto gibt es nur noch selten: fünf Generationen auf einem Sofa. Zusammen sind sie 248 Jahre alt: von links Sandra (6), Sandras Großmutter Ingeborg (50), Sandras Urgroßmutter Adele (75), Sandras Urgroß-

Maria, 94 Jahre alt, Ururgroßmutter

Mit 30 hatte sie schon sechs Kinder. Maria lebt in einem Altersheim. Trotzdem ist sie nicht allein, eine Tochter oder ein Enkelkind ist immer da, isst mit ihr und bleibt, bis sie im Bett liegt. Maria ist sehr zufrieden – viele alte Leute bekommen nur sehr selten Besuch. Marias Jugendzeit war sehr hart. Eigentlich hatte sie nie richtige Eltern. Als sie zwei Jahre alt war, starb ihr Vater. Ihre Mutter vergaß ihren Mann nie und dachte mehr an ihn als an ihre Tochter. Maria war deshalb sehr oft allein, aber das konnte sie mit zwei Jahren natürlich noch nicht verstehen. Ihre Mutter starb, als sie 14 Jahre alt war. Maria lebte dann bei ihrem Großvater. Mit 17 Jahren heiratete sie, das war damals normal. Ihr erstes Kind, Adele, bekam sie, als sie 19 war. Mit 30 hatte sie schließlich sechs Kinder.

Adele, 75 Jahre alt, Urgroßmutter

Sie wurde nur vom Kindermädchen erzogen. Adele lebte als Kind in einem gutbürgerlichen Elternhaus. Wirtschaftliche Sorgen kannte die Familie nicht. Nicht die Eltern, sondern ein Kindermädchen erzog die Kinder. Sie hatten auch einen Privatlehrer. Mit ihren Eltern konnte sich Adele nie richtig unterhalten, sie waren ihr immer etwas fremd. Was sie sagten, mussten die Kinder unbedingt tun. Wenn zum Beispiel die Mutter nachmittags schlief, durften die Kinder nicht laut sein und spielen. Manchmal gab es auch Ohrfeigen. Als sie 15 Jahre alt war, kam Adele in eine Mädchenschule. Dort blieb sie bis zur Mittleren Reife. Dann lernte sie Kinderschwester. Aber eigentlich fand sie es nicht so wichtig einen Beruf zu lernen, denn sie wollte auf jeden Fall lieber heiraten und eine Familie haben. Auf Kinder freute sie sich besonders. Die wollte sie dann aber freier erziehen, als sie selbst erzogen worden war; denn an ihre eigene Kindheit dachte sie schon damals nicht so gern zurück.

erationen

n Sofa

mutter Maria (94) und Sandras Mutter Ulrike (23). Zwischen der Ururgroßmutter und der Ururenkelin liegen 88 Jahre. In dieser langen Zeit ist vieles anders geworden, auch die Familie und die Erziehung.

Ingeborg, 50 Jahre alt, Großmutter

Das Wort der Eltern war Gesetz. Ingeborg hatte ein wärmeres und freundlicheres Elternhaus als ihre Mutter Adele. Auch in den Kriegsjahren fühlte sich Ingeborg bei ihren Eltern sehr sicher. Aber trotzdem, auch für sie war das Wort der Eltern Gesetz. Wenn zum Beispiel Besuch im Haus war, dann mussten die Kinder gewöhnlich in ihrem Zimmer bleiben und ganz ruhig sein. Am Tisch durften sie nur dann sprechen, wenn man sie etwas fragte. Die Eltern haben Ingeborg immer den Weg gezeigt. Selbst hat sie nie Wünsche gehabt. Auch in ihrer Ehe war das so. Heute kritisiert sie das. Deshalb versucht sie jetzt mit 50 Jahren selbständiger zu sein und mehr an sich selbst zu denken. Aber weil Ingeborg das früher nicht gelernt hat, ist das für sie natürlich nicht leicht.

Ulrike, 23 Jahre alt, Mutter

Der erste Rebell in der Familie. Ulrike wollte schon früh anders leben als ihre Eltern. Für sie war es nicht mehr normal immer nur das zu tun, was die Eltern sagten. Noch während der Schulzeit zog sie deshalb zu Hause aus. Ihre Eltern konnten das am Anfang nur schwer verstehen. Mit 17 Jahren bekam sie ein Kind. Das fanden alle viel zu früh. Den Mann wollte sie nicht heiraten. Trotzdem blieb sie mit dem Kind nicht allein. Ihre Mutter, aber auch ihre Großmutter halfen ihr. Beide konnten Ulrike sehr gut verstehen. Denn auch sie wollten in ihrer Jugend eigentlich anders leben als ihre Eltern, konnten es aber nicht.

Sie findet Verwandte langweilig. Sandra wird viel freier erzogen als Maria, Adele, Ingeborg und auch Ulrike. Bei unserem Besuch in der Familie sahen wir das deutlich. Sie musste nicht ruhig sein, wenn wir uns unterhielten; und als sie sich langweilte und uns störte, lachten die Erwachsenen und sie durfte im Zimmer bleiben. Früher wäre das unmöglich gewesen.

12. Maria, Adele, Ingeborg, Ulrike, Sandra

Welche Sätze passen zur Jugendzeit von Maria, Adele, Ingeborg, Ulrike und Sandra? Diskutieren Sie die Antworten.

a) Die Kinder machen, was die Eltern sagen.
b) Die Kinder sollen selbständig und kritisch sein.
c) Die Kinder wollen anders leben als ihre Eltern.
d) Die Eltern haben viele Kinder.
e) Frauen müssen verheiratet sein, wenn sie ein Kind wollen.
f) Die Wünsche der Kinder sind unwichtig.
g) Der Vater arbeitet, und die Mutter ist zu Hause.
h) Man hat gewöhnlich nur ein oder zwei Kinder.
i) Frauen heiraten sehr jung.
j) Frauen wollen lieber heiraten als einen Beruf haben.

13. Damals und heute

a) So ist die Kindheit von Sandra (6) heute.

Sandra wird ziemlich frei erzogen. Sie ist deshalb auch schon recht selbständig und macht nicht immer, was ihre Mutter Ulrike sagt. Trotzdem bekommt sie keine Ohrfeigen. Ihre Mutter kümmert sich viel um sie und spielt oft mit ihr. Mutter und Tochter verstehen sich sehr gut. Sandra ist ein intelligentes Mädchen. Sie kommt später sicher aufs Gymnasium. Ulrike möchte, dass ihre Tochter das Abitur macht. Studium und Beruf findet Sandra später einmal bestimmt genauso wichtig wie Ehe und Kinder.

§ 19

b) Wie war die Kindheit von Sandras Urgroßmutter Adele? Erzählen Sie. Lesen Sie vorher noch einmal den Text über Adele auf S. 68.

Präteritum

schwache Verben	**starke Verben**
sagt – sagte	wird – wurde
macht – machte	kommt – kam
kümmert – kümmerte	bekommt – bekam
spielt – spielte	findet – fand
	versteht – verstand

14. Wie waren Ihre Jugend und Ihre Erziehung? Erzählen Sie.

Sie können folgende Wörter und Sätze verwenden:

Ich	musste	selten	…
	durfte	nie	
	sollte	oft	
	konnte	manchmal	
		meistens	
		jeden Tag	
		immer	
		gewöhnlich	
		regelmäßig	

Ich habe	immer	Lust/Zeit/Angst gehabt	… zu …
	oft	versucht,	
	nie	…	
	selten		
	…		

Mein Vater / Bruder	war	nie	…
Meine Mutter / Schwester	hat	…	
…			

Ich habe mich		immer	über	…	geärgert.
Meine Eltern haben	sich	selten	für		gefreut.
Mein Vater hat		oft	…		interessiert
Meine Mutter hat		…			aufgeregt.
					…

aufpassen auf, anziehen, aufstehen, einkaufen, essen, fragen, mitkommen, schlafen gehen, lügen, stören, bleiben, tragen, sich unterhalten, verbieten, kritisieren, singen, arbeiten, aufräumen, ausgeben, bekommen, mitgehen, putzen, studieren, rauchen, spielen, tanzen, helfen, kochen, spazieren gehen, Sport treiben, machen, fernsehen, schwimmen, weggehen, telefonieren

15. Jeder hat vier Urgroßväter und vier Urgroßmütter.

a) Der Vater der Mutter meiner Mutter ist mein Urgroßvater.
Der Vater der Mutter meines Vaters ist mein Urgroßvater.
Der Vater des Vaters meines Vaters ist mein Urgroßvater.
Der Vater des Vaters meiner Mutter ist mein Urgroßvater.

b) Die Mutter der …
Die Mutter des …

§ 4

16. Machen Sie ein Fragespiel.

a) Onkel – Tante
b) Neffe – Nichte
c) Enkel – Enkelin
d) Cousin – Cousine
e) Sohn – Tochter
f) Bruder – Schwester
g) Schwager – Schwägerin
h) Großmutter (Oma) – Großvater (Opa)
i) Urgroßmutter – Urgroßvater

7

47

Kalter Kaffee

○ Der Kaffee ist wieder mal kalt, Liselotte!
□ Aber Erich, der Kaffee ist doch nicht kalt!
○ Jedenfalls ist er nicht heiß.
□ Aber du kannst doch nicht im Ernst behaupten, Erich, dass der Kaffee kalt ist.
○ Wenn ich sage, dass der Kaffee kalt ist, so will ich damit sagen, dass er nicht heiß ist. Das ist eine Tatsache.
□ Was? Dass der Kaffee kalt ist?
○ Nein, dass er nicht heiß ist.
□ Du gibst also zu, dass er nicht kalt ist!
○ Liselotte – der Kaffee … ist … wieder mal … nicht heiß!
□ Vorhin hast du gesagt, er ist wieder mal kalt.
○ Und damit wollte ich sagen, dass er nicht heiß ist.
□ Also, ich finde, dass der Kaffee warm ist. Jawohl, warm! Und so soll er auch sein.
○ Nein. Der Kaffee muss heiß sein, wenn er schmecken soll. Und es stimmt auch nicht, dass er warm ist. Er ist höchstens lauwarm.
□ Wenn er lauwarm ist, dann ist er nicht kalt.
○ Lauwarmer Kaffee ist noch schlimmer als kalter Kaffee.
□ Und warum, glaubst du, ist der Kaffee lauwarm?
○ Weil du ihn wieder mal nicht heiß auf den Tisch gestellt hast.
□ Nein, mein Lieber! Weil du ihn nicht trinkst, sondern seit zehn Minuten behauptest, dass er kalt ist.

Lektion 6

der Frühling
der Sommer
der Herbst
der Winter
der Wetterbericht
die Temperatur
30
25
20
15
10
+ 5
0
- 5
10
15
der Berg
der Wald
der See
die Insel
der Müll

1

A

B

C

D

E

1. Beschreiben Sie die Bilder.

Was glauben Sie: Wo können diese Landschaften vielleicht sein? Wie ist das Klima dort? Diskutieren Sie darüber. Sie können dabei die folgenden Wörter benutzen.

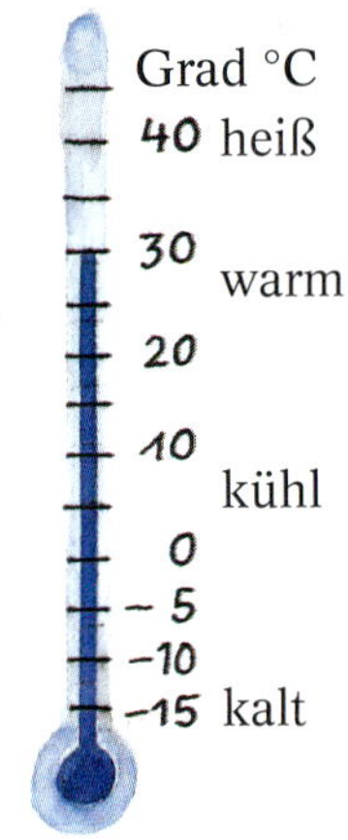

Sonne
die Sonne scheint } trocken

Regen
es regnet } nass

Nebel
es ist neblig } feucht

Schnee
es schneit
Eis

Wind

Baum
Pflanze
Boden

2. Zu welchen Bildern (A, B, C, D oder E) passen die Sätze?

§ 14, 16, § 17

- ☐ In Sibirien kann es extrem kalt sein.
- ☐ Für Menschen ist es ziemlich ungesund, aber ideal für viele Tiere und Pflanzen.
- ☐ Es gibt plötzlich sehr starke Winde und gleichzeitig viel Regen.
- ☐ Die Temperaturunterschiede zwischen Sommer und Winter sind sehr groß.
- ☐ In der Wüste ist es sehr heiß und trocken.
- ☐ Der Golf von Biskaya ist ganz selten ruhig und freundlich.
- ☐ Nur im Sommer ist der Boden für wenige Wochen ohne Eis und Schnee.
- ☐ Besonders im Norden gibt es im Herbst sehr viel Nebel.
- ☐ Das Klima ist extrem: Nachts ist es kalt und am Tage heiß. In 24 Stunden kann es Temperaturunterschiede bis zu 50 Grad geben.
- ☐ Typisch ist der starke Regen jeden Tag gegen Mittag.
- ☐ In den langen Wintern zeigt das Thermometer manchmal bis zu 60 Grad minus.
- ☐ Großbritannien hat ein feuchtes und kühles Klima mit viel Regen und wenig Sonne.
- ☐ Deshalb gibt es dort wenig Leben, nur ein paar Pflanzen und Tiere.
- ☐ Das Meer ist hier auch für moderne Schiffe gefährlich.
- ☐ Das Klima im Regenwald ist besonders heiß und feucht.
- ☐ Bäume werden bis zu 60 Meter hoch.

Es gibt Nebel / ein Gewitter / schönes Wetter / …
Es ist kalt / heiß / schlechtes Wetter / …
Es schneit / regnet

3. Wie ist das Wetter?

Hören Sie die Dialoge.
Welches Wetter ist gerade in Dialog A, B, C, D und E?

Nebel ☐D   Regen ☐B   Gewitter ☐A   kalt ☐C   sehr heiß ☐E

2 | 1

tormenta

4. Wie wird das Wetter?

a) Lesen Sie den Wetterbericht.

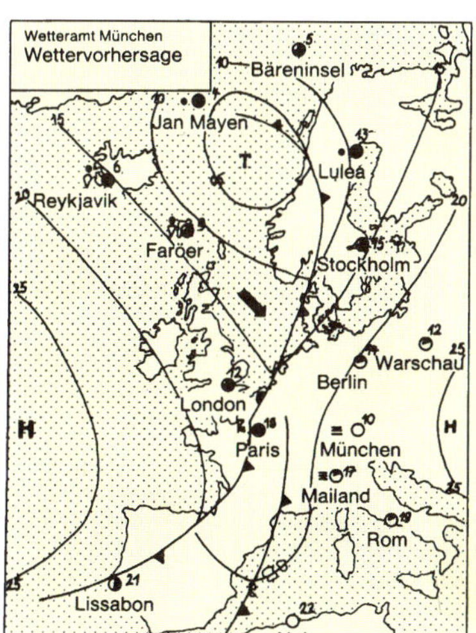

Zeichenerklärung:
- ○ wolkenlos
- ◔ fast wolkenlos
- ◑ wolkig
- ◕ fast bedeckt
- ● bedeckt
- • Regen
- ▽ Regenschauer
- ≡ Nebel
- ✳ Schnee
- Gewitter
- ▲ Kaltfront
- H Hochdruckgebiet
- T Tiefdruckgebiet
- ⇨ warme Luftströmung
- ➡ kalte Luftströmung
- Temperaturen in Grad C.
- Luftdruck in Hpa

Wetterlage: Das Tief über Großbritannien zieht allmählich nach Osten und bringt kühle Meeresluft und Regen in den Norden Deutschlands. Das Hoch über den Alpen bestimmt weiter das Wetter in Süddeutschland.

Vorhersage für Sonntag, den 10. Juni:
Norddeutschland: Morgens noch trocken, gegen Mittag wolkig und ab Nachmittag Regen. Den ganzen Tag starker Wind aus Nord-West. Tageshöchsttemperaturen zwischen 14 und 18 Grad, Tiefsttemperaturen nachts um 10 Grad.

Süddeutschland: In den frühen Morgenstunden Nebel, sonst trocken und sonnig. Tagestemperaturen zwischen 20 und 24 Grad, nachts um 12 Grad. Am späten Nachmittag und am Abend Gewitter, schwacher Wind aus Süd-West.

Familie Wertz wohnt in Norddeutschland, in Husum an der Nordsee.

Familie Bauer wohnt in Süddeutschland, in Konstanz am Bodensee.

b) Beide Familien überlegen, was sie am Wochenende machen können. Sie lesen deshalb den Wetterbericht. Was können sie machen? Was nicht? Warum?

morgens einen Ausflug mit dem Fahrrad machen	nachmittags im Garten arbeiten
morgens segeln	nachmittags baden gehen
morgens im Garten Tischtennis spielen	nachmittags eine Gartenparty machen
mittags das Auto waschen	abends einen Spaziergang machen
nachmittags im Garten mit den Kindern spielen	

5. Wetterbericht

2 2

a) Hören Sie die Wetterberichte.

b) Der erste Wetterbericht ist für Süddeutschland. Wie ist das Wetter dort? Regen? Schnee? Wolkig? Nebel? Wind? Wie stark? Temperatur am Tag? Nachts?

c) Der zweite Wetterbericht ist ein Reisewetterbericht für verschiedene Länder. Wie ist das Wetter in den Ländern?

	Regen	sonnig	wolkig	Gewitter	trocken	°C
Österreich						
Griechenland und Türkei						
Norwegen, Schweden, Finnland						

6. Erzählen Sie

a) Sicher haben Sie heute schon den Wetterbericht gelesen oder gehört. Erzählen Sie, wie das Wetter morgen wird.

b) Wie gefällt Ihnen das Klima in Ihrem Wohnort? Macht Sie das Klima / Wetter manchmal krank? Was tun Sie dann? Welches Klima / Wetter mögen Sie am liebsten? Warum?

7. Ergänzen Sie das Bildwörterbuch.

1 das ____________
2 der ____________
3 der ____________
4 das ____________
5 die ____________
6 der ____________

7 der ____________
8 der ____________
9 das ____________
10 der ____________
11 der ____________
12 die ____________

13 der ____________
14 das ____________
15 der ____________
16 das ____________

3

Deutsche Zentrale für Fremdenverkehr

Kennen Sie Deutschland?

Preisrätsel

Wenn Sie an Deutschland denken, denken Sie dann auch zuerst an Industrie, Handel und Wirtschaft? Ja? Dann kennen Sie unser Land noch nicht richtig.
Deutschland hat sehr verschiedene Landschaften: flaches Land im Norden mit herrlichen Stränden an Nordsee und Ostsee, Mittelgebirge mit viel Wald im Westen, im Südosten und im Süden, und hohe Berge in den Alpen. Auch das überrascht Sie vielleicht: Rund dreißig Prozent der Bodenfläche in Deutschland sind Wald.
Obwohl unser Land nicht sehr groß ist – von Norden nach Süden sind es nur 850 km und von Westen nach Osten nur 600 km – ist das Klima nicht überall gleich. Der Winter ist im Norden wärmer als im Süden oder Osten, deshalb gibt es dort im Winter auch weniger Schnee.
Anders ist es im Sommer: Da ist das Wetter im Süden und Osten häufig besser als im Norden; es regnet weniger und die Sonne scheint öfter.
Wenn Sie mehr über die Landschaften in Deutschland wissen wollen, machen Sie mit bei unserem Quiz. Sie können Reisen nach Deutschland gewinnen um unser Land persönlich kennen zu lernen.

8. Aus welcher Region Ihres Landes kommen Sie?

Wie ist die Landschaft dort?
Wie ist das Klima dort? (im Frühling, Sommer, Herbst, Winter)
Wie sind die Menschen dort?
Was ist dort besonders interessant?

9. Wie würden Sie einem Deutschen Ihr Land beschreiben? Erzählen Sie oder schreiben Sie einen kleinen Text.

§ 16

Ich komme aus …
Das liegt in …
Die Nachbarländer sind …
Im Norden / Süden / Westen / Osten liegt …
Die größten Flüsse / höchsten Berge / … sind …
Die schönste Landschaft ist …
Wir haben viele / wenige Wälder / Gebirge / Seen / Flüsse / …
Das Klima ist im Winter / Sommer …
…

Beantworten Sie die Fragen. Schicken Sie die Antworten bis zum 31. März 2001 an:
Deutsche Zentrale für Fremdenverkehr
Postfach 600
D-60549 Frankfurt/Main

1. *Wie heißen die sieben Inseln, die in der Nordsee liegen?* ______________________
2. *Wie heißt der Wald, der zwischen Main und Neckar liegt?* ______________________
3. *Wie heißen die Gebirge, die zur Tschechischen Republik und zu Deutschland gehören?* ______________________
4. *Wie heißt die Landschaft, die im Süden von Hamburg zwischen Elbe und Aller liegt?* ______________________
5. *Wie heißt der See, durch den der Rhein fließt?* ______________________
6. *Wie heißt das Mittelgebirge, durch das die Weser fließt?* ______________________
7. *Wie heißt der Wald, aus dem die Donau und der Neckar kommen?* ______________________

1. Preis: 14-Tage-Rundreise durch Deutschland für zwei Personen
2. Preis: 7-Tage-Reise für zwei Personen auf die Insel Rügen
3. Preis: 3-Tage-Reise für zwei Personen nach Berlin
4. Preis: Wochenendreise für eine Person nach München
5.–10. Preis: 12 Flaschen deutscher Wein
11.–30. Preis: 1 Schallplatte mit deutschen Volksliedern
31.–50. Preis: 1 Landkarte von Deutschland

10. Schauen Sie die Deutschlandkarte genau an. Machen Sie selbst ein Quiz.

Wie heißt	der Wald / Fluss / Berg, das Mittelgebirge, die Landschaft, die Stadt / Insel, das Meer, das Land,	der die das		in den Alpen liegt und 2962 m hoch ist? aus Frankreich / aus … kommt? in den / in … fließt? in der … see liegt? durch den / durch … …
		durch in	den die das	der Main / der Rhein / … fließt?
		aus	dem der	die Mosel / die Donau / … kommt?

§ 29

11. Machen Sie das Quiz auch mit Landschaften / Gebirgen / … in Ihrem Land.

4 Müll macht Spaß

Müll macht Probleme

Problem Nr. 1: Die Menge

Wir werfen in Deutschland pro Jahr 30 Millionen Tonnen Abfälle auf den Müll. Wenn man damit einen Güterzug füllen würde, hätte er eine Länge von 12 500 km – das wäre eine Strecke von hier bis Zentralafrika. Wir ersticken im Müll: Die Mülldeponien sind voll; die Müllverbrennungsanlagen arbeiten 24 Stunden pro Tag. Dabei gibt es hundert Beispiele, wo wir völlig sinnlos Müll produzieren. Müssen wir denn Bier und Limonade aus Dosen trinken? Brauchen wir bei jedem Einkauf neue Plastiktüten? Gibt es Brot, Käse, Wurst und Fleisch nicht ohne Verpackung zu kaufen?

Machen Sie mit: Kaufen Sie bewusst ein!

Problem Nr. 2: Die Verschwendung

Ein großer Teil der Dinge, die später auf den Müll kommen, wurde industriell produziert. Das kostet Arbeitskraft, Energie und Rohstoffe. Dabei gibt es zum Beispiel für Glas, Papier und Blechdosen eine viel bessere Lösung, nämlich das Recycling. Aus diesem „Müll" können wieder neue Produkte aus Glas, Papier und Blech hergestellt werden, wenn man sie getrennt sammelt. Auch Küchenabfälle (fast 50 % des Mülls!) sind eigentlich viel zu schade für die Deponie. Durch Kompostierung kann man daraus gute Pflanzenerde machen.

Machen Sie mit: Sortieren Sie Ihren Müll!

Problem Nr. 3: Die Gefahr

Auch das ist im Müll, den wir täglich produzieren: Batterien, Plastik, Kunststoff, Dosen mit Lack und Farben, Medikamente, Pflanzengift, Putzmittel ... Eine gefährliche Mischung, denn die chemischen Reaktionen dieses Müllcocktails kann man nicht kontrollieren. Die Müllverbrennungsanlagen, die etwa ein Drittel des Mülls verbrennen, haben natürlich Filter. Aber diese Filter können nur solche Gifte und gefährlichen Stoffe zurückhalten, die bekannt sind. Experten glauben, dass 40 bis 60 Prozent der Giftstoffe, die bei der Verbrennung entstehen, mit den Rauchgasen in die Luft kommen. Ähnlich ist es bei den Mülldeponien. Auch hier gibt es unkontrollierbare chemische Reaktionen. Die Giftstoffe können in den Boden und in das Grundwasser kommen.

Machen Sie mit: Bringen Sie gefährlichen Müll zu einer Sammelstelle für Problemmüll!

12. Suchen Sie die Informationen im Text.

a) Wie viel Müll produzieren die Deutschen jedes Jahr?
b) Wie viel Müll wird in den Müllverbrennungsanlagen verbrannt?
c) Es gibt zu viel Müll. Warum baut man nicht einfach noch mehr Müllverbrennungsanlagen? Wo ist das Problem?
d) Was versteht man unter „Recycling“?

13. Weniger Müll produzieren – wie kann man das machen? – Was passt zusammen?

Wenn man einkaufen geht, … →	… aus Holz kaufen.
Getränke …	… immer eine Einkaufstasche mitnehmen.
Brot nicht im Supermarkt, …	… kein Plastikgeschirr benutzen.
Obst und Gemüse nicht in Dosen, …	… nicht in Tüten kaufen.
Wenn man eine Party feiert, …	… nur in Pfandflaschen kaufen.
Wenn man Schnupfen hat, …	… ohne Plastikverpackung kaufen.
Spielzeug …	… sondern beim Bäcker kaufen.
Wurst, Fleisch und Käse …	… sondern frisch kaufen.
Milch und Saft …	… Taschentücher aus Stoff benutzen.
…	…

Finden Sie noch andere Beispiele.

Umweltschutz: Eine Stadt macht Ernst

Aschaffenburg tut etwas gegen den Müllberg

Seit Jahren schon gibt es in jeder Stadt und in jeder Gemeinde öffentliche Sammelcontainer für Altpapier, Altglas und Altkleider. Trotzdem kommt dieser Abfall in den meisten Haushalten immer noch in die normale Mülltonne, denn das ist viel bequemer, als den Müll zu sortieren.
Die Stadt Aschaffenburg macht endlich Ernst mit der Müllreduzierung und hat ein neues Konzept entwickelt. Die Bürger von Aschaffenburg müssen jetzt Glas und Dosen in öffentliche Container bringen. Gift- und Schadstoffe müssen zu einer Sammelstelle für Sondermüll gebracht werden.
Altpapier, Küchen- und Gartenabfälle und Kunststoffe werden zu Hause gesammelt. Dafür gibt es in jedem Haushalt:
– eine Mülltonne für biologische Abfälle (Biotonne);
– eine Altpapiertonne;
– einen Sack für Kunststoffe.
Nur der Müll, der dann noch übrig bleibt, kommt in die „normale“ Mülltonne.

Der Erfolg: Es gibt 64% weniger Restmüll als vorher!

a) Lesen Sie den Text über das neue Müllkonzept in Aschaffenburg.
b) Sehen Sie sich die Zeichnung auf S. 83 an. In welchen Behältern (Tonne, Container, Sack) muss der Müll in Aschaffenburg gesammelt werden?

14. Denken Sie schon beim Einkaufen an den Müll?

Interview vor einem Supermarkt in Aschaffenburg.

2 3-8

a) In welcher Reihenfolge werden die Personen interviewt?

1 Müll-trennung? Dazu kann ich gar nichts sagen.

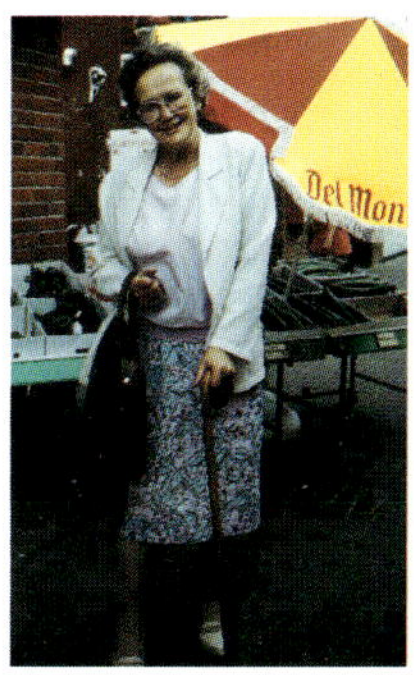

2 Ich bin eine alte Frau und mache nicht mehr viel Müll.

3 Milch kaufe ich in Tüten, weil mir die Flaschen zu schwer sind.

4 Das Thema Müll geht mir lang-sam auf die Nerven.

5 Meine Kinder essen gerne Joghurt. Da gibt es immer viele Plastikbecher.

6 Wenn ich Wurst und Käse einkaufe, nehme ich meine eigenen Plastik-dosen mit.

b) Welche Sätze passen außerdem zu den Personen?

		Person
A	Warum verbietet man die Getränkedosen denn nicht?	☐
B	Unsere Kinder würden nie Limonade aus der Dose trinken.	☐
C	Die Dosen bringe ich zum Container vor meinem Haus.	☐
D	Die Küchenabfälle werfe ich auf den Kompost in meinem Garten.	☐
E	In meiner kleinen Küche stehen jetzt drei Mülleimer!	☐
F	Ich habe nur eingekauft, was mir meine Frau gesagt hat.	☐

Glückliche Tage

Ich will nicht klagen.
Die Nacht war ruhig und friedlich,
vom Lastwagenverkehr abgesehen.
Ich habe sogar ein paar Stunden geschlafen.
Und mein Frühstück war wie immer ordentlich.
Gewiss, der Tee schmeckte ein wenig nach Chlor.
Aber das ist ja nicht schädlich.
Auch schmeckte das Ei ein wenig nach Fischmehl.
Doch daran habe ich mich längst gewöhnt.
Und auch der Presslufthammer draußen vor der Tür
machte immer wieder eine angenehme Pause.

Ich will also nicht klagen.

Und dann habe ich einen Spaziergang gemacht
unten am Fluss.
Gewiss, an manchen Stellen roch es nicht so gut,
wegen der vielen toten Fische,
und die Sonne kam auch nicht so recht durch,
weil ein dichter Smog über der Stadt lag,
aber der kleine Spaziergang hat mir sehr gut getan.

Nein, ich will wirklich nicht klagen.

Gewisss, ich bin wohl nicht mehr ganz gesund,
leide öfter unter Kopfschmerzen,
zuweilen auch an Übelkeit,
was mit der einen oder anderen Allergie zusammenhängt,
aber insgesamt geht es mir sehr gut –

ja, ich möchte sogar sagen:
insgesamt bin ich glücklich.

In Anlehnung an Samuel Becketts „Glückliche Tage"

Lektion 7

Reisebüro
Hotelzimmer reservieren
den Hund impfen
Change
Geld wechseln
die Koffer packen
den Pass zeigen

2 10

1. Interview am Frankfurter Flughafen

Der Reporter fragt Fluggäste: Was haben Sie auf einer Reise immer dabei? Was würden Sie nie vergessen?

a) Hören Sie die Interviews.
b) Ergänzen Sie die Tabelle.

	Beruf?	kommt woher?	fliegt wohin?	nimmt was mit?
Schweizerin	—	USA	Schweiz	Teddybär
Brite	—	—	Mallorca	Kaffee
Italiener	Geschäftsmann	Manchester	—	Regenschirm
Deutsche	–	Florence		
Deutscher	Ingenieur		Bogotá	Kohletabletten

2. Was würden Sie unbedingt mitnehmen, wenn Sie eine Reise ins Ausland machen?

Urlaub mit Dynamos – Versicherungen

Haben Sie nichts vergessen?
Ihre Checkliste für den Urlaub

Versicherungen / Ämter / Ärzte

- ❑ Gepäckversicherung abschließen
- ❑ Reisekrankenversicherung abschließen
- ❑ Internationalen Krankenschein besorgen
- ❑ Pass / Ausweis verlängern lassen
- ❑ Visum beantragen
- ❑ Katze / Hund untersuchen / impfen lassen

Bahn / Flugzeug / Schiff

- ❑ Reiseprospekte besorgen
- ❑ Fahrpläne / Fahrkarten / Flugkarten besorgen
- ❑ Plätze reservieren lassen
- ❑ Hotelzimmer bestellen

Auto

- ❑ grüne Versicherungskarte besorgen
- ❑ Motor / Öl / Bremsen / Batterie prüfen lassen
- ❑ Auto waschen lassen
- ❑ Benzin tanken

Haus / Wohnung

- ❑ Nachbarn Schlüssel geben
- ❑ Fenster zumachen
- ❑ Licht / Gas / Heizung ausmachen

Verschiedenes

- ❑ Geld wechseln
- ❑ Reiseschecks besorgen
- ❑ Kleider / Anzüge reinigen lassen
- ❑ Wäsche waschen
- ❑ Apotheke: Medikamente, Pflaster besorgen
- ❑ Drogerie: Seife, Zahnbürste, Zahnpasta, … kaufen
- ❑ Koffer packen: Wäsche, Kleider, Anzüge, Hosen, Pullover, Hemden, Handtücher, Betttücher, …
- ❑ Fluggepäck wiegen

3. Reiseplanung

a) Lesen Sie die Checkliste für den Urlaub.
b) Was muss man mitnehmen, wenn man in Deutschland Winterurlaub in den Alpen macht oder Campingurlaub an der Ostsee, oder wenn man zur Industriemesse nach Hannover fährt? Was muss man vor der Reise besorgen, erledigen, machen lassen?
Machen Sie drei Listen.

Winterurlaub

Alpen, Ferienhaus
2 Wochen, Zug
2 Erwachsene, 4 Kinder

Geschäftsreise

zur Messe in Hannover,
Hotel 4 Tage, Flug,
im Frühjahr

Campingurlaub

an der Ostsee, 3 Wochen,
mit dem Auto, Hund,
zwei Kinder (2 und
10 Jahre), 2 Erwachsene,
im Sommer

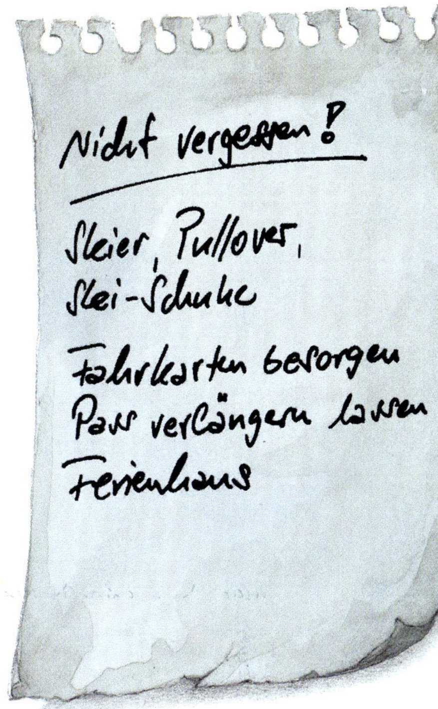

4. Wer macht was?

Themen neu 1
§ 47

a) Üben Sie den Dialog.
Visum beantragen / Hund impfen lassen / Hotelzimmer bestellen
Pässe verlängern / Krankenschein besorgen / Bremsen prüfen
Geld wechseln / Auto waschen / Reiseschecks besorgen
Plätze reservieren / Fahrkarten kaufen / Anzüge reinigen lassen

Lass mich das Visum beantragen.
Du lässt den Hund impfen.

b) Üben Sie weitere Dialoge mit den Listen, die Sie für Übung 3 gemacht haben.

2 11

5. Wenn jemand eine Reise macht, dann kann er viel erzählen.

2 12

§ 28 b, c

a) Lesen Sie zuerst die Stichworte unten, hören Sie dann den Text auf der Kassette. Was ist Herrn Weiler passiert? Erzählen Sie.

Urlaub → Ostsee/Travemünde → Zimmer reserviert → kein Zimmer frei → sich beschwert → kein Zweck → Zimmer in Travemünde gesucht → Hotels voll/Zimmer zu teuer → nach Ivendorf gefahren → Zimmer gefunden

Verwenden Sie die Wörter

denn	trotzdem	aber	deshalb	dann	schließlich	entweder … oder	also	da

b) Was ist hier passiert? Erzählen Sie.

6. Spiel: Die Reise in die Wüste

(Gruppen mit 3 Personen)

Sie planen eine Reise in die Sahara (auf eine Insel im Pazifischen Ozean, in die Antarktis).
Ihre Reisegruppe soll drei Wochen lang in der Sahara (auf der Insel, in der Antarktis) bleiben. Es gibt dort keine anderen Menschen! Unten ist eine Liste mit 30 Dingen, von denen Sie nur fünf mitnehmen dürfen.

Diskutieren Sie in der Gruppe, welche Dinge Sie mitnehmen. Sie müssen sich einigen, welche Dinge am wichtigsten sind.

Vergessen Sie nicht: Sie müssen trinken, gesund bleiben, den richtigen Weg finden; vielleicht haben Sie einen Unfall und müssen gerettet werden. Überzeugen Sie Ihre Mitspieler, welche Dinge Sie am wichtigsten finden. Nennen Sie Gründe.

1. 50 m Aluminiumfolie
2. Benzin
3. Betttücher
4. Bleistift
5. Briefmarken
6. Brille
7. Camping-Gasofen
8. Familienfotos
9. zehn Filme
10. Flasche Schnaps (54%)
11. Fotoapparat
12. Kochtopf
13. Kompass
14. Messer
15. 100 Blatt Papier
16. Pflaster
17. Plastiktaschen
18. Reiseschecks
19. Salz und Pfeffer
20. Schirm
21. Seife
22. Seil
23. Spiegel
24. Streichhölzer
25. Taschenlampe
26. Telefonbuch
27. Uhr
28. 200 Liter Wasser
29. Wolldecke
30. Zahnbürste

§ 32

Ich	würde … mitnehmen. schlage vor, dass wir … meine	… ist	wichtig. notwendig.	Das finde ich	unwichtig. nicht notwendig.

… braucht man zum	Kochen. Waschen. Schlafen. Trinken. Feuer machen. …	Ich bin dafür. Einverstanden. Meinetwegen. Das ist mir egal.	Ich bin dagegen. Das ist doch Unsinn. Nein, aber … Es ist besser, wenn …

Wenn man in / auf … ist, braucht man	unbedingt ganz bestimmt …	…	Das	finde glaube meine	ich auch.

Journal Beruf

heute: Arbeiten im Ausland

Vor allem jüngere Leute haben uns in den letzten Wochen geschrieben, dass sie gerne mal ein paar Monate im Ausland arbeiten möchten. Es sind zwar immer noch wenige, aber jedes Jahr interessieren sich mehr Menschen für einen Job im Ausland. In den Briefen werden immer wieder dieselben Fragen gestellt:

- *Braucht man eine Arbeitserlaubnis?*
- *Wer bekommt eine Arbeitserlaubnis?*
- *Welche Berufe sind gefragt?*
- *Wie kann man eine Stelle finden?*
- *Wie viel verdient man im Ausland?*
- *Braucht man gute Sprachkenntnisse?*
- *Muss man vorher einen Sprachkurs machen?*
- *Wie lange darf man bleiben?*
- *Wie findet man eine Wohnung?*
- *Darf die Familie / der Freund / die Freundin mitkommen?*
- *Wo bekommt man Informationen?*

Wir haben die wichtigsten Informationen für Sie zusammengetragen:

Arbeitserlaubnis

Ohne Visum können Deutsche in die meisten Länder der Welt reisen, aber ohne Arbeitserlaubnis darf man in den wenigsten auch arbeiten.

EU-Länder

Wenn man eine Arbeitsstelle und eine Wohnung hat, bekommt man in allen EU-Staaten eine Arbeitserlaubnis. Das gilt natürlich auch für Bürger anderer EU-Staaten, die in Deutschland wohnen und hier eine Arbeitsstelle haben.

USA

Viel schwieriger ist die Situation in den USA. Dort bekommt man nur dann eine Arbeitserlaubnis, wenn man

7. Was fragen die jungen Leute, die im Ausland arbeiten möchten? Was möchten sie wissen?

§ 26

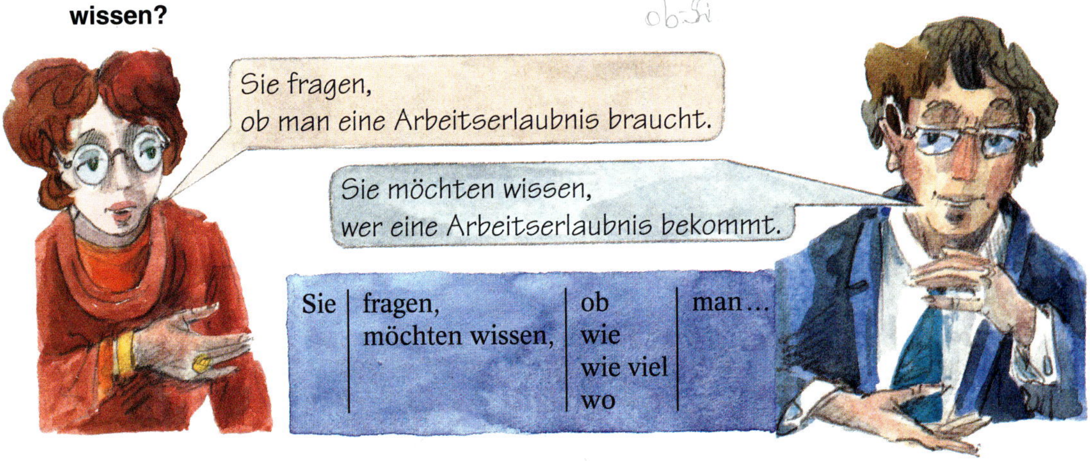

Sie	fragen, möchten wissen,	ob wie wie viel wo	man …

8. Was fragt die Freundin?

2 13

Doris Kramer hat gerade ihre Prüfung als Versicherungkauffrau bestanden. Sie möchte jetzt gerne ein Jahr bei einer englischen oder amerikanischen Versicherung arbeiten.
Sie spricht mit ihrer Freundin über diesen Plan.

Was fragt die Freundin?
Was möchte sie wissen?

Reportage

Mal im Ausland arbeiten – eine tolle Erfahrung!

Viele möchten gern mal im Ausland arbeiten, doch nur wenige haben auch den Mut es zu tun. Schließlich muss man seine Stelle und seine Wohnung kündigen und verliert Freunde aus den Augen. Wir haben uns mit drei Frauen unterhalten, die vor dem Abenteuer Ausland keine Angst hatten.

Die Gründe, warum man mal im Ausland arbeiten möchte, sind verschieden: Manche tun es, weil sie sich im Urlaub in eine Stadt oder ein Land verliebt haben, manche um eine Fremdsprache zu lernen, andere um im Beruf Karriere zu machen oder um einfach mal ein Abenteuer zu erleben.

Das war auch das Motiv von Frauke Künzel, 24. „Ich fand mein Leben in Deutschland langweilig und wollte einfach raus", erzählt sie. Sie fuhr mit 500 Euro in ihrer Tasche nach Südfrankreich. Zuerst wohnte sie in der Jugendherberge und wusste nicht, wie sie einen Job finden sollte. Doch sie hatte Glück. Sie lernte einen Bistrobesitzer kennen und fragte ihn, ob er einen Job für sie hätte. Er hatte. 1300 Euro netto verdiente sie als Bedienung. Die Gäste nannten sie „glacier" – auf Deutsch „Eisberg". „Ich konnte wenig Französisch und war deshalb sehr kühl um meine Scheu vor den Leuten zu verstecken", erklärte sie uns. Doch nach ein paar Wochen war alles anders: „Ich lernte Französisch und fand Kontakt zu den Leuten." Vor einem Jahr ist Frauke Künzel zurückgekommen, aber eine Stelle hat sie noch nicht gefunden. Trotzdem empfiehlt sie jedem einen Job im Ausland: „Man wird viel selbstständiger und das finde ich sehr wichtig. Außerdem weiß ich jetzt, was ‚savoir vivre' bedeutet: Es ist besser, man arbeitet um zu leben, als dass man lebt um zu arbeiten, wie in Deutschland", sagt Frauke Künzel.

Ulrike Schuback, 26, wollte eigentlich nach Italien, um dort Theaterwissenschaft zu studieren. Doch nach einem Jahr hatte sie keine Lust mehr. Weil sie sich für Mode interessierte, suchte sie sich einen Job in einer Boutique. Zuerst war sie nur Verkäuferin, heute ist sie Geschäftsführerin. „Eine interessante und gutbezahlte Stelle, die mir viel Freiheit lässt. Trotzdem haben es Frauen in Deutschland viel leichter, sowohl im Beruf als auch im Privatleben. In Italien bestimmen die Männer fast alles", sagt Ulrike Schuback. Aber sie liebt Italien noch immer: „Italiener sind viel herzlicher als Deutsche. Auch hier gibt es Regeln und Gesetze, aber die nimmt man nicht so ernst. Das macht das Leben viel leichter."

Für Simone Dahms, 28, ist London eine zweite Heimat geworden. Nach dem Studium wollte sie Buchhändlerin werden, aber es gab keine Stelle für sie. „Man sagte mir, dass ich für den Beruf zu alt und überqualifiziert bin", erzählt Simone Dahms. Schließlich fuhr sie nach London um dort ihr Glück zu versuchen. Mit Erfolg. In einer kleinen Buchhandlung wurde sie genommen, als Angestellte, nicht als Lehrling. Heute ist sie Abteilungsleiterin. „Meine Freunde in Deutschland reagierten typisch deutsch: ‚Wie hast du das geschafft, du hast den Beruf doch nicht gelernt?', fragten sie mich", erzählt Simone Dahms. „In England ist eben das Können wichtiger als Zeugnisse", war ihre Antwort.

Schwierigkeiten hat sie noch mit der etwas kühlen Art der Engländer. Die Leute, mit denen sie oft zusammen ist, sind zwar sehr nett und freundlich, „aber so richtige offene und herzliche Freundschaften findet man kaum", meint Simone Dahms.

§ 31

9. Was haben die Frauen gemacht?

a) Frauke Künzel b) Ulrike Schuback c) Simone Dahms

Sie reiste nach England	um	sich eine Stelle als Buchhändlerin	zu	machen.
Sie fuhr nach Italien		dort Theaterwissenschaft		verdienen.
Sie ging nach Frankreich		selbständiger		studieren.
		sich eine Lehrstelle		arbeiten.
		in einer Modeboutique		suchen.
		Abteilungsleiterin		werden.
		Französisch		lernen.
		viel Geld		
		ihr Leben interessanter		

Sie arbeitete als Kellnerin,	weil sie	unbedingt Geld	interessierte.
Sie arbeitete in einer Boutique,		sich für Mode	brauchte.
Sie arbeitete als Buchhändlerin,		Kontakt zu Leuten	suchte.
		in London Englisch lernen	wollte.
		nicht mehr studieren	
		in ihrem Wunschberuf arbeiten	

10. Was für Probleme hätte ein Deutscher, wenn er in Ihrem Land arbeiten möchte? Was muss er vorher wissen? Was muss er tun? Welche Fehler darf er nicht machen?

11. Was sagen die drei Frauen über Deutsche? Wer sagt das?

Deutsche	nehmen alles zu ernst.	glauben zu sehr an das, was auf dem Papier steht.
	sind ziemlich kühl.	sind nicht herzlich genug.
	sind bürokratisch.	sind immer unfreundlich.
		finden Arbeit wichtiger als ein schönes Leben.

12. Wie beliebt sind die deutschen Touristen im Ausland?

2 14

Eins Plus Freitag, 10. Mai

18.00 Uhr plus 3 Reisemagazin

Urlaubstips, Informationen, Reportagen

Thema heute: Wie beliebt sind deutsche Touristen im Ausland?

Niemand kritisiert die deutschen Touristen mehr als sie selbst: Sie sind zu laut, zu durstig, zu nackt, zu geizig, liest man in den Zeitungen. Deshalb möchten viele Deutsche im Ausland am liebsten nicht als Deutsche erkannt werden. Sie haben Angst, dass die Ausländer schlecht über sie denken. Doch das Bild der deutschen Touristen im Ausland ist freundlicher, als wir selber glauben.

Hören Sie die Interviews. Was denken die Leute über deutsche Touristen?

a) Giuseppina Polverini, 62, Besitzerin einer kleinen Pension in Rom: „Die Deutschen sind …“
b) Louis Sardozzi, 27, Sonnenschirmvermieter in Cannes: „…“
c) Ian Phillips, 47, Londoner Taxifahrer: „…“
d) Pepe Rodriguez, 58, Busfahrer in Palma: „…“

So sehen uns Ausländerinnen

Berufsleben gut, Familienleben schlecht

Korrekt, zuverlässig und umweltbewusst sind sie, aber auch zu kühl. Das sagen drei Ausländerinnen über die Deutschen. Die jungen Frauen kommen aus den USA, aus China und aus Griechenland. Sie leben hier, weil sie bei uns studieren oder weil ihr Mann oder ihre Eltern hier arbeiten.

Gute Chancen im Beruf

Stephanie Tanner, 25, ledig, kommt aus den USA. Sie ist Schiffbauingenieurin und macht hier ein Berufspraktikum.

Obwohl sie große Ähnlichkeiten zwischen der deutschen und amerikanischen Arbeitswelt sieht, ist sie doch erstaunt, wie groß hier die soziale Sicherheit besonders für Mütter mit Kleinkindern ist. „Bei uns gibt es kein Erziehungsgeld, keine Reservierung von Arbeitsplätzen für Mütter mit Kleinkindern. Eine Mutter kann höchstens drei Monate zu Hause bleiben, dann muss sie zurück in den Job. Zwar wollen die meisten amerikanischen Männer immer noch, dass ihre Frau zu Hause bleibt, aber das ist vorbei. Es ist wie hier, auch bei uns brauchen viele Familien ein zweites Einkommen und die Frauen wollen nicht mehr nur auf die Kinder aufpassen." Gut findet sie auch, dass die deutschen Frauen meistens den gleichen Lohn wie die Männer bekommen und dass sie im Beruf leichter Karriere machen können als in den USA. „Der deutsche Mann ist als Kollege etwas toleranter als der Amerikaner. Toll sind auch die langen Urlaubszeiten. Wir haben nur zwei freie Wochen pro Jahr und das ist für eine Familie einfach zu wenig." Noch etwas gefällt ihr in Deutschland: die freundlichen und sauberen Städte. „Hier kann man selbst in den Großstädten Rad fahren. Bei uns sind die Straßen immer noch nur für die Autos da. Toll finde ich auch das Umweltbewusstsein der Deutschen. Wie sehr wir in den USA die Natur kaputtmachen, ist mir erst in Deutschland aufgefallen. Hier wird man sogar komisch angeguckt, wenn man Papier auf die Straße wirft."

Für alles gibt es einen Plan

Alexandra Tokmakido, 26, ledig, kommt aus Griechenland. Sie studiert Musik.

„Pünktlich, korrekt und logisch sind die Deutschen. Für alles gibt es einen Plan: einen Haushaltsplan, einen Fahrplan, einen Urlaubsplan, einen Essensplan, einen Ausbildungsplan. Genau das stört mich. Hier ist kein Platz für Gefühle. Die Leute sind kühl, man interessiert sich wenig für die Sorgen anderer Menschen", sagt Alexandra. Aber einige Dinge findet sie auch positiv: „Zum Beispiel, dass Jugendliche schon mit 16 von zu Hause ausziehen dürfen. So werden sie früher selbständig als die Griechen." Sie meint, dass Frauen in Deutschland ein besseres Leben haben: „Wenn bei uns Frauen heiraten, sind sie nur noch für die Familie da, die eigenen Interessen sind unwichtig. Deutsche Frauen sind glücklicher; ihre Männer helfen bei der Hausarbeit und bei der Kindererziehung."

4

So sehen uns Ausländerinnen

Die Frauen sind zu emanzipiert

Rui Hu, 25, ledig, kommt aus Tianjing in China. Sie studiert bei uns Germanistik.

„Die Deutschen sind viel spontaner als die Chinesen", sagt Rui Hu, „ich habe mich immer noch nicht daran gewöhnt, dass man hier auch außerhalb der Familie seine Gefühle so offen und deutlich zeigt. Das Leben in Deutschland ist hektisch, alles muß schnell gehen, sogar für das Essen haben die Deutschen wenig Zeit. Jeder denkt zuerst an sich. Das gilt besonders für deutsche Frauen. Ich finde, sie sind zu emanzipiert." Rui Hu versteht nicht, dass sich deutsche Frauen über zu viel Arbeit beschweren: „Auch die Chinesin ist meistens berufstätig, ihre Küche ist nicht automatisiert, und ihr Mann hilft kaum im Haushalt. Aber die chinesischen Frauen klagen nie."

13. Wer ist gemeint?

Das Pronomen „sie" hat in den Sätzen verschiedene Bedeutungen. Wer ist gemeint: die Deutschen, die deutschen Frauen, die deutschen Männer, die Griechen, die Griechinnen, die griechischen Männer, die Amerikaner, die Amerikanerinnen, die amerikanischen Männer, die Chinesen, die Chinesinnen, die chinesischen Männer? Zu welchen Frauen passen die Sätze?

a) Ihr Leben ist ruhiger, weil sie alles langsamer machen. „sie" = ____________
b) Sie kümmern sich mehr um andere Leute und möchten wissen, wie es ihnen geht. „sie" = ____________
c) Sie finden es langweilig nur Hausarbeit zu machen. „sie" = ____________
d) Sie finden es normal, dass nur die Frauen die Hausarbeit machen. „sie" = ____________
e) Weil das Leben teuer ist, müssen auch sie arbeiten. „sie" = ____________
f) Sie haben es leichter attraktive Stellen zu bekommen. „sie" = ____________
g) Sie sind egoistisch. „sie" = ____________
h) Ihre Arbeitsstellen bleiben für zwei Jahre frei, wenn sie nicht arbeiten können und die Kinder erziehen. „sie" = ____________
i) Sie zeigen, was sie denken und fühlen. „sie" = ____________
j) Sie möchten eigentlich, dass die Frauen nicht berufstätig sind. „sie" = ____________
k) Der Verstand ist für sie wichtiger als das Herz. „sie" = ____________
l) Sie verdienen meistens mehr als die Frauen. „sie" = ____________
m) Sie geben ihren Kindern mehr Freiheiten. „sie" = ____________
n) Sie zeigen nicht genau, was sie wirklich denken und fühlen. „sie" = ____________

14. Wie finden Sie Ihre eigenen Landsleute? Was gefällt Ihnen? Was gefällt Ihnen nicht?

Der Kurzkommentar

Immer mehr Deutsche wollen auswandern

Immer mehr Ausländer wollen nach Deutschland einwandern oder beantragen hier politisches Asyl. Die meisten Deutschen sind deshalb für eine Änderung des Ausländer- und Asylgesetzes. Sie glauben, dass es für sie in Zukunft sonst nicht genug Arbeitsstellen und Wohnungen geben wird. Einige möchten sogar die schon länger bei uns lebenden Ausländer wieder nach Hause schicken. Wissen diese Leute nicht, dass auch viele Deutsche gern ein paar Jahre im Ausland leben oder sogar auswandern möchten? Etwa 150 000 haben im letzten Jahr Deutschland verlassen um im Ausland ein neues Leben zu beginnen. Die Zahlen steigen sogar. Diese Deutschen hoffen genauso auf Gastfreundschaft in ihren neuen Heimatländern wie die Ausländer, die nach Deutschland einreisen möchten oder schon bei uns leben. Das sollten wir bei der Diskussion um ein neues Ausländer- und Asylgesetz nicht vergessen.

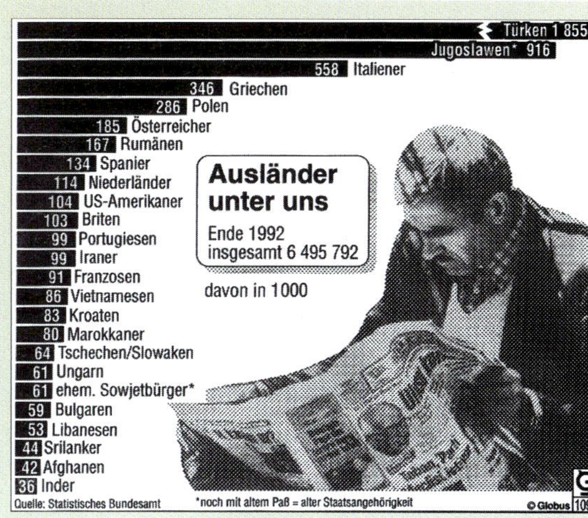

15. Familie Neudel will auswandern.

2 15

Hören Sie das Gespräch. Warum möchte Familie Neudel auswandern? Was ist richtig?

Familie Neudel möchte auswandern …

a) … um freier zu leben.
b) …, damit Herr Neudel weniger Steuern zahlen muss und mehr verdient.
c) … um in Paraguay Bauern zu werden.
d) … um Land zu kaufen und ein Haus zu bauen.
e) …, damit Frau Neudel eine Stelle bekommt.

16. Familie Kumar ist eingewandert.

2 16

Hören Sie das Gespräch mit der Familie Kumar. Sie lebt seit 14 Jahren in Deutschland. Warum ist sie eingewandert? Was ist richtig?

Familie Kumar ist eingewandert …

a) … um mehr Geld zu verdienen.
b) …, weil sie Verwandte in Deutschland hat.
c) … um Deutsche zu werden.
d) …, weil Herr Kumar hier ein Praktikum machen wollte.
e) …, damit die Kinder gute Schulen besuchen können.

17. Vergleichen Sie die beiden Familien.

Was ist ähnlich? Was ist verschieden?

18. Was meinen Sie, warum wandern Menschen aus?

Sie wandern aus …

… um Arbeit zu bekommen.
… um … zu …
…, damit die Familie besser leben kann.
…, damit …
…, weil sie in Deutschland studieren wollen.
…, weil …

§ 31

Nebensatz mit „damit“

Sie wandern aus,
damit sie Arbeit bekommen.

6

2 17

Urlaubspläne

○ Im nächsten Urlaub, da fahr ich nach Bali.
Um endlich mal was Neues zu sehen.

□ Bali – sehr schön!
Und ich reise in die Karibik, auf eine kleine Insel.
Um endlich einmal richtig baden und tauchen zu können.

△ In die Karibik – Donnerwetter!
Und ich mache eine Reise nach Kenia
um endlich mal richtige Löwen und Elefanten zu sehen.

□ Kenia ist nicht schlecht.
Und du, Hans, was hast du vor?

▽ Ich – ich fahre nach Unter-Hengsbach.

○ Nach Unter-Hengsbach…? Wo ist denn das?

▽ Das ist ganz in der Nähe von Ober-Hengsbach.

□ Aha!

△ Und warum ausgerechnet nach Unter-Hengsbach?

▽ Um endlich meine Ruhe zu haben.
Um die Zeit ist es in Unter-Hengsbach herrlich ruhig,
weil die Unter-Hengsbacher alle weg sind.
Sie sind dann alle auf Bali, in der Karibik oder in Kenia.

Lektion 8

die Bundesrepublik Deutschland

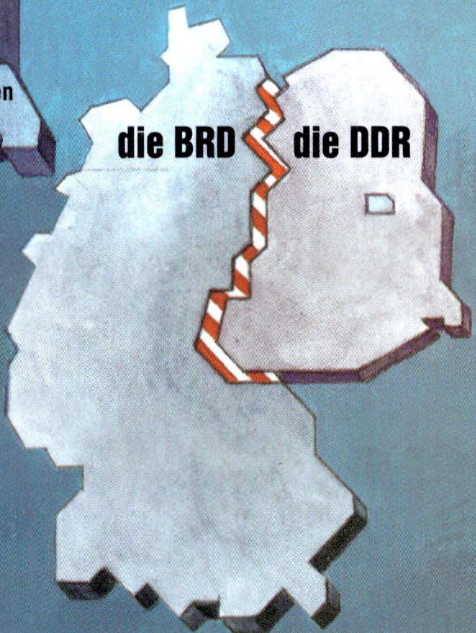

1

Aus der Presse . . . Aus der Presse . . . Aus der Presse . . .

SCHLAGZEILEN

NRZ NEUE RHEIN ZEITUNG

Bald Wahlrecht für ausländische Arbeitnehmer?

Fußballstar wegen Verletzung drei Wochen ins Krankenhaus

Preiskrieg in der Zigaretten-industrie

Kein Geld für das neue Stadion:
Fußballverein enttäuscht

Italienische Zollbeamte streiken für mehr Lohn

Verkehrsunfall in der Berliner Straße

Durch den Steuerskandal:
Regierungskrise in Portugal

WZ Westdeutsche Zeitung

Ärger an der Grenze:
300 Lastwagen müssen warten

Ausländer bald auch im Parlament?

Straßenbahn fuhr gegen einen Bus:
Außer dem Fahrer niemand verletzt

Leere Kassen im Rathaus:
Kein neuer Sportplatz

Bald neue Regierung in Lissabon?

Wegen seiner Knieoperation:
Ohne Matthäus gegen den HSV

Raucher können jetzt sparen

1. Welche Schlagzeilen bringen die gleiche Nachricht?

Neue Rheinzeitung	Westdeutsche Zeitung
Preiskrieg in der Zigarettenindustrie	…
Kein Geld …	…

2. Welche Nachrichten gehören zu welcher Rubrik?

Sie lesen heute:

Ausland	Seite 3
Wirtschaft	Seiten 9/10
Lokalteil	Seite 7
Innenpolitik	Seite 5
Sport	Seite 14

3. Sehen Sie die Bilder an. Was ist da wohl passiert?

4. Ergänzen Sie „durch", „für", „ohne", „gegen", „außer", „mit" oder „wegen". – Zu welchem Bild passen die Sätze?

§ 15

Bild	
	– Hochhaus fünf Stunden ______ Strom. Viele mussten im Aufzug warten.
	– Junge fand Briefumschlag ______ 5000,– Euro.
	– Pakete und Päckchen für Weihnachten bleiben ______ des Poststreiks liegen.
	– ______ einem Lebensmittelladen und einer Bäckerei gibt es keine Geschäfte. Der neue Stadtteil „Gernhof" ist immer noch ______ Einkaufszentrum.
	– 2000 ausländische Arbeitnehmer demonstrieren ______ das neue Ausländergesetz. Sie wollen in der Bundesrepublik bleiben.
	– Fabrik ______ Feuer zerstört. 500 Angestellte jetzt ______ Arbeit.
	– ______ die Verkehrsprobleme im Stadtzentrum gibt es immer noch keine Lösung.

5. Hören Sie die Interviews.

2 **18-21**

Ein Reporter hat vier Personen interviewt, die von den Ereignissen auf den Bildern erzählen. – Welches Bild passt zu welchem Interview?

Interview	1	2	3	4
Bild Nr.				

Präpositionen
außer + Dativ
wegen + Genitiv oder Dativ

6. Welche Nachrichten haben Sie heute / gestern gehört oder gelesen?

Machen Sie mit Ihrem Nachbarn aktuelle Schlagzeilen zu Politik, Wirtschaft, Sport, Lokalnachrichten, Klatsch …

§ 16

Wo ist der Friede in Gefahr?
Wo ist Krieg / Bürgerkrieg?
Wo gibt es eine Regierungskrise?
Wo gibt es eine Wahl?
Wo gibt es eine Konferenz?
Welcher Politiker besucht welches Land?
Wer hat einen Vertrag unterschrieben?
Wer ist zurückgetreten?

Wofür fehlt Geld?
Wer streikt? Wo? Warum?
Wo hat es eine Demonstration gegeben?
Wo gibt es Umweltprobleme?
Wo hat es ein Unglück / eine Katastrophe gegeben?
Wo ist ein Verbrechen geschehen?
Wo gibt es einen Skandal?
Wo ist etwas Komisches passiert?
Wer ist gestorben?
Wer hat geheiratet / ein Baby bekommen …?
Wer hat eine Meisterschaft gewonnen?

Aus der Presse

Abgeordnete bekommen 6,5 % mehr Geld ❶
Berlin (AP) Die 662 Abgeordneten des deutschen Bundestages bekommen ab 1. Oktober 6,5% mehr Gehalt. Das wurde gestern im Bundestag mit großer Mehrheit beschlossen. Nur wenige Abgeordnete kritisierten den Beschluss.

Wahlrecht für Ausländer hat kaum Chancen ❷
Bonn / Berlin (dpa) Eine große Gruppe von Abgeordneten fast aller Parteien fordert ein neues Wahlrecht, damit auch Ausländer, die länger als 10 Jahre in Deutschland leben, wählen dürfen. Der Vorschlag, für den eine Änderung der Verfassung notwendig ist, wird diese Woche im Bundestag diskutiert.

Landtagswahlen in Brandenburg ❸
Potsdam (eig. Ber.) Die Sozialdemokraten (SPD) haben am Sonntag die Landtagswahlen in Brandenburg gewonnen. Sie wurden mit 43% der Stimmen stärkste Partei. Die Christlichen Demokraten (CDU), die Partei des alten Ministerpräsidenten, bekam nur noch 38,5%, die Freien Demokraten (FDP) 8,7%.

Bundespräsident zu Staatsbesuch in Schweden ❹
Stockholm (dpa) Der Bundespräsident ist seit Dienstag zu einem viertägigen Staatsbesuch Schwedens in Stockholm. Er wurde im Königlichen Schloss zusammen mit seiner Frau von König Carl Gustaf und seiner aus Deutschland stammenden Frau, Königin Silvia, begrüßt.

Wirtschaftsminister droht mit Rücktritt ❺
Köln In einer Fernsehdiskussion hat der Bundeswirtschaftsminister mit seinem Rücktritt gedroht, wenn das Kabinett nicht bis zum 10. Juli beschließt, in den nächsten beiden Jahren die Subventionen um 15 Milliarden Euro zu kürzen.

Bundesrat kritisiert Reform des Mehrwertsteuergesetzes
Berlin Der Bundesrat hat das neue Mehrwertsteuergesetz kritisiert. Die meisten Bundesländer sind mit dem Gesetz nicht einverstanden, weil sie nach ihrer Meinung zu wenig Geld aus der Mehrwertsteuer bekommen. ❻

Der schleswig-holsteinische Ministerpräsident erklärte im Bundesrat: „Die Geldprobleme der Länder dürfen nicht noch größer werden!" Jetzt muss der Bundestag einen neuen Vorschlag machen. ⓐ

Die alte Koalition aus CDU und Freien Demokraten hat damit ihre Mehrheit im Landtag verloren. Der neue Ministerpräsident kommt wahrscheinlich von der SPD, die eine Koalition mit der FDP bilden möchte. ⓑ

Doch es ist sehr wahrscheinlich, dass die Ausländer auch bei der nächsten Bundestagswahl zu Hause bleiben müssen. Denn die CSU und über 70 Abgeordnete der CDU sind gegen eine Änderung des Wahlgesetzes. Ohne ihre Stimmen aber gibt es keine Zweidrittelmehrheit für eine Verfassungsänderung. ⓒ

„Nur wenn wir selbst sparen, können wir auch von den Bürgern höhere Steuern verlangen", meinte eine Abgeordnete. Sie schlug vor, die Zahl der Abgeordneten bei der nächsten Bundestagswahl zu verkleinern und erinnerte an einen Satz des Finanzministers: „662 Abgeordnete sind einfach zu viel." ⓓ

Der Bundespräsident wird vom Bundesaußenminister begleitet, der mit seinem schwedischen Kollegen Sten Andersson ein längeres Gespräch über internationale Fragen führte. ⓔ

„Wenn das Ziel nicht erreicht wird, dann hat die Bundesregierung einen neuen Wirtschaftsminister", sagte er. Der Minister hofft, dass das Kabinett seinem Vorschlag folgt. Die Alternative wären höhere Steuern oder neue Schulden. Der Bundeskanzler kommentierte die Sätze seines Wirtschaftsministers mit den folgenden Worten: „Einen Rücktrittswunsch kann ich auch annehmen." ⓕ

7. Setzen Sie die Teile der Zeitungstexte richtig zusammen.

1	2	3	4	5	6
d	c	b	e	f	a

8. Welche Informationen über das politische System in Deutschland bekommen Sie aus den Texten? – Was wissen Sie außerdem über die Politik in Deutschland?

Parteien, Wahlen, Bundeskanzler, Minister…

2 Das politische Wahlsystem in der Bundesrepublik Deutschland

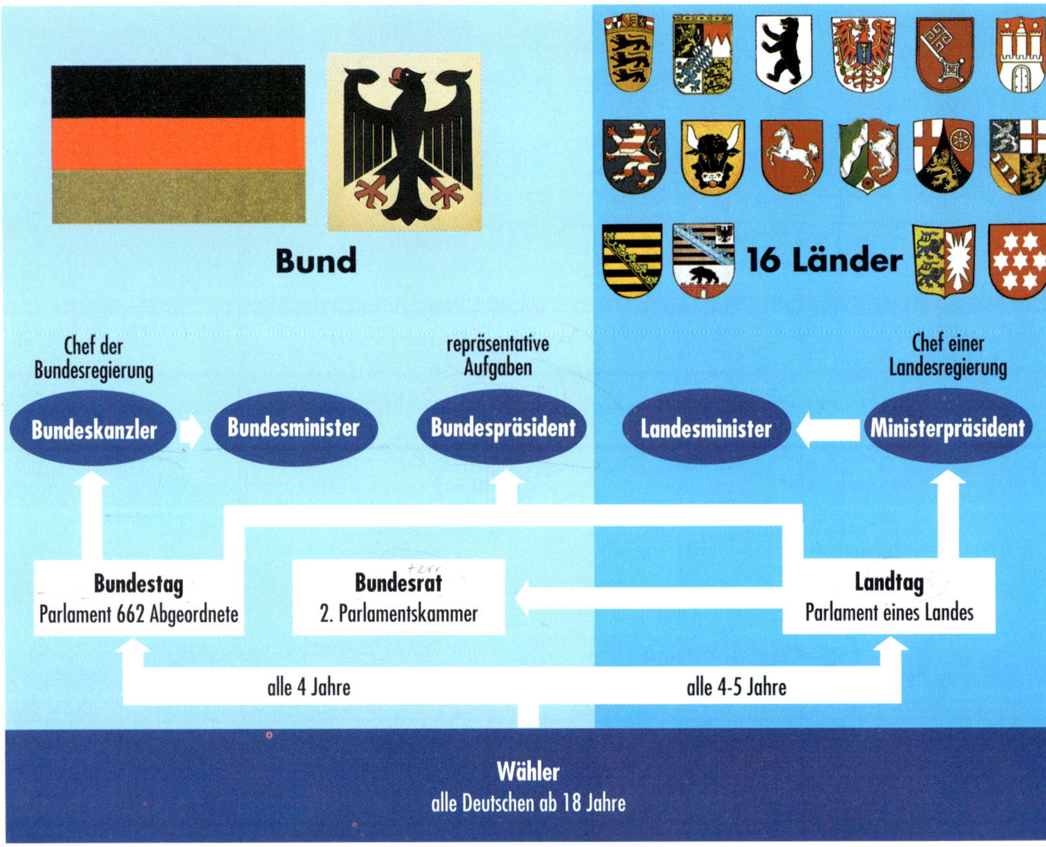

9. Beschreiben Sie die Darstellung. Ergänzen Sie die Sätze.

In der Bundesrepublik Deutschland können alle Frauen und Männer, die über 18 Jahre alt sind, ...
Das nationale Parlament heißt...
Es wird alle...
Der Regierungschef ist der...
Er wird nicht direkt vom Volk gewählt, sondern von den Abgeordneten des...
Der Bundeskanzler bestimmt die Politik und ernennt die...

Alle 4 oder 5 Jahre wählen die Bürger eines Bundeslandes ihr Landesparlament, den ...
Regierungschef eines Landes ist der...
Auch er wird nicht vom Volk gewählt, sondern...
Er ernennt die...
Der Bundesrat ist die...
Die Mitglieder des Bundesrates kommen aus den 16...

Der Bundespräsident wird von den Mitgliedern der Landtage und des ... gewählt.
Der Bundespräsident ist der Staatschef, aber er hat nur...

10. Bundestagswahl. Hören Sie die Interviews.

2 22

Wie sind die Antworten der Personen? (r = richtig, f = falsch, ? = er/sie weiß es nicht)

- Der Bundestag hat 662 Abgeordnete.
- Der Bundeskanzler ist Regierungschef.
- Der Bundeskanzler wird vom Bundestag gewählt.
- Der Bundesrat ist die zweite Parlamentskammer.

Mann	Frau	Kind
F	?	R
R	R	F
R	F	R
?	?	R

POLITIK-QUIZ

1. Wann wurde die Bundesrepublik Deutschland gegründet?

a ☐ 1933
b ☐ 1949
c ☐ 1990

2. Nach dem 2. Weltkrieg gab es

a ☐ zwei deutsche Staaten.
b ☐ einen deutschen Staat.
c ☐ drei deutsche Staaten.

3. Heute gibt es

a ☐ einen deutschen Staat mit der Hauptstadt Berlin.
b ☐ einen deutschen Staat mit der Hauptstadt Bonn.
c ☐ zwei deutsche Staaten und auch zwei Hauptstädte: Berlin und Bonn.

4. Die Bundesrepublik ist

a ☐ eine sozialistische Republik.
b ☐ eine parlamentarische Demokratie.
c ☐ eine parlamentarische Monarchie.

5. Die beiden größten politischen Parteien in der Bundesrepublik sind

a ☐ CDU und FDP.
b ☐ SPD und CSU.
c ☐ CDU und SPD.

6. Die Politik der CDU nennt man

a ☐ nationalistisch.
b ☐ konservativ.
c ☐ liberal.

7. Die Politik der SPD nennt man

a ☐ sozialistisch.
b ☐ sozialökonomisch.
c ☐ sozialdemokratisch.

8. Der Bundeskanzler der Bundesrepublik heißt

a ☐ Gerhard Schröder (SPD).
b ☐ Helmut Kohl (CDU).
c ☐ ____________________

11. Berichten Sie über Ihr Land.

Was für ein Staat ist Ihr Land? (Republik, Monarchie, Demokratie, …) Mit welchen anderen Staaten ist Ihr Land befreundet? Mit welchen Staaten hat es Probleme?
Wie heißt das Parlament ? Wie oft wird es gewählt? Wie heißen die Parteien? Was für Ziele haben sie? Gibt es Regionalparlamente?
Wer ist der Regierungschef? Wer wählt oder ernennt ihn? Wer ist der Staatschef?

Zweimal Deutschland

1949, vier Jahre nach dem 2. Weltkrieg, gab es zwei deutsche Staaten: Die Deutsche Demokratische Republik (DDR) im Osten und die Bundesrepublik Deutschland im Westen. Obwohl sie eigene Regierungen hatten, waren die beiden Staaten anfangs nicht völlig unabhängig. In der DDR bestimmte die Sowjetunion die Politik, die Bundesrepublik stand unter dem Einfluss von Großbritannien, Frankreich und den USA.

Konrad Adenauer, der spätere Bundeskanzler, unterschreibt am 23.5.1949 das Grundgesetz der Bundesrepublik Deutschland.

Im März 1952 schlug die Sowjetunion den USA, Großbritannien und Frankreich einen Friedensvertrag für Deutschland vor. Die DDR und die Bundesrepublik sollten zusammen wieder ein selbständiger deutscher Staat werden, der neutral sein sollte. Aber die West-Alliierten waren gegen diesen Plan. Sie wollten, dass die Bundesrepublik zum Westen gehörte. Ein neutrales Deutschland wäre, so meinten sie, von der Sowjetunion abhängig. Auch die damalige konservativ-liberale Regierung (CDU / CSU / FDP) entschied sich für die Bindung an den Westen.

Am 3. Oktober 1990 treten die Länder der DDR nach Artikel 23 des Grundgesetzes der Bundesrepublik Deutschland bei.

Nach 1952 wurden die Unterschiede zwischen den beiden deutschen Staaten immer größer. Die DDR und die Bundesrepublik bekamen 1956 wieder eigene Armeen. Die DDR wurde Mitglied im Warschauer Pakt, die Bundesrepublik in der NATO.

Während es in der DDR große wirtschaftliche Probleme gab, entwickelte sich die Wirtschaft in der Bundesrepublik sehr positiv. Tausende Deutsche aus der DDR flüchteten vor allem deshalb in die Bundesrepublik. Die DDR schloss schließlich ihre Grenze zur Bundesrepublik und kontrollierte sie mit Waffengewalt. Durch den Bau der Mauer in Berlin wurde 1961 die letzte Lücke geschlossen.

12. Erstellen Sie eine Zeitleiste.

1949	Es gibt zwei deutsche Staaten.	1953	…	Seit 1969	…
1952	Die Sowjetunion schlägt …	1956	…	1972	…
1952-1969	…	1961	…	1989	…

Am 10. Oktober 1949 nimmt die Regierung der Deutschen Demokratischen Republik unter Otto Grotewohl ihre Tätigkeit auf.

Der „Tag der deutschen Einheit“, der vorher an den 17. Juni 1953 erinnerte, wird seit 1990 am 3. Oktober gefeiert.

Während der Zeit des „Kalten Krieges“ von 1952 bis 1969 gab es nur Wirtschaftskontakte zwischen den beiden deutschen Staaten. Im Juni 1953 kam es in Ostberlin und anderen Orten der DDR zu Streiks und Demonstrationen gegen die kommunistische Diktatur und die Wirtschaftspolitik. Sowjetische Panzer sorgten wieder für Ruhe. In der Bundesrepublik war die große Mehrheit der Bürger für die Politik ihrer Regierung. Ende der sechziger Jahre gab es jedoch starke Proteste und Studentendemonstrationen gegen die kapitalistische Wirtschaftspolitik und die enge Bindung an die USA.

Politische Gespräche wurden zwischen den beiden deutschen Staaten erst seit 1969 geführt. Das war der Beginn der sogenannten „Ostpolitik“ des damaligen Bundeskanzlers Willy Brandt und seiner sozialdemokratisch-liberalen Regierung. 1972 unterschrieben die DDR und die Bundesrepublik einen „Grundlagenvertrag“. Die politischen und wirtschaftlichen Kontakte wurden seit diesem Vertrag besser. Immer mehr Bundesbürger konnten ihre Verwandten in der DDR besuchen; allerdings durften nur wenige DDR-Bürger in den Westen reisen.

Im Herbst 1989 öffnete Ungarn die Grenze zu Österreich. Damit wurde für viele Bürger der DDR die Flucht in die Bundesrepublik möglich. Tausende verließen ihr Land auf diesem Weg. Andere flüchteten in die Botschaften der Bundesrepublik in Warschau und Prag und blieben dort, bis sie die Erlaubnis zur Ausreise in die Bundesrepublik erhielten.

Bald kam es in Leipzig, Dresden und anderen Städten der DDR zu Massendemonstrationen. Zuerst ging es um freie Ausreise in die westlichen Länder, besonders in die Bundesrepublik, um freie Wahlen und freie Wirtschaft. Aber bald wurde der Ruf nach „Wiedervereinigung“ immer lauter. Oppositionsgruppen entstanden; in wenigen Wochen verlor die SED, die Sozialistische Einheitspartei Deutschlands, ihre Macht.

13. Schreiben Sie einen kleinen Text zur neueren politischen Geschichte Ihres Landes.

- Machen Sie zuerst eine Zeitleiste.
- Wählen Sie nur wenige wichtige Daten.
- Benutzen Sie Wörter wie „dann“; „danach“; „aber“; „deshalb“; „trotzdem“ …

§ 9, 28

„Heute Nacht sind die Deutschen das glücklichste Volk der Welt“

Die DDR öffnet ihre Grenzen

Ost-Berlin, Donnerstag, den 9. November 1989, 18 Uhr 55: Auf einer Pressekonferenz über das Flüchtlingsproblem sagt ein Sprecher der DDR-Regierung: „Deshalb haben wir uns dazu entschlossen, eine Regelung zu treffen, die es jedem Bürger der DDR möglich macht, über Grenzübergangspunkte der DDR auszureisen.“ Eine halbe Stunde später kann jeder DDR-Bürger die Sensation in den Fernsehnachrichten hören: Die Grenzen sind offen! Schon kurze Zeit danach kommen Zehntausende zu den Grenzübergängen, weil sie es nicht glauben können. Für einige Stunden gehen sie nach West-Berlin und in die Bundesrepublik. An den Grenzen herrscht Volksfeststimmung. Der Regierende Bürgermeister von West-Berlin sagt: *„Heute Nacht sind die Deutschen das glücklichste Volk der Welt!“*

14. Hören Sie die Interviews.

2 23-28

§ 18

Welche Sätze fassen die Stimmung der Leute am besten zusammen?

Die meisten Leute	ist	sehr glücklich.
Einige	sind	sehr bewegt.
Eine Frau	will	traurig.
Ein Mann	wollen	beinahe ohnmächtig vor Glück.
Keiner	kann	es noch nicht glauben.
	können	den Ku'damm sehen.
	hat	Schaufenster ansehen.
	haben	Sekt getrunken.
		wieder zurück in die DDR.
		im Westen bleiben.
		dankbar für den herzlichen Empfang.
		nur ein Bier oder einen Kaffee trinken.
		auf der anderen Seite der Mauer stehen.
		öfter hinüberfahren.
		die Wiedervereinigung Deutschlands.
		eine ökologische Gesellschaft in der DDR aufbauen.
		ihre Arbeit machen und ein bisschen verreisen.

15. Was denken Sie, wenn Sie die Bilder ansehen? – Sprechen Sie im Kurs darüber.

Von 1961 bis 1988 sind über 200 000 Menschen aus der DDR geflohen und rund 410 000 sind legal ausgereist. Allein im Jahr 1989 kamen dann fast 350 000 Menschen legal oder illegal aus der DDR in die Bundesrepublik. Dies waren die wichtigsten Gründe, warum sie die DDR verlassen haben:

- Sie konnten nicht ins westliche Ausland reisen.
- Sie verdienten zu wenig Geld.
- Sie hatten Probleme mit dem Staat und seinen Behörden.
- Sie fanden das Leben in der DDR langweilig.
- Sie wollten in einer Demokratie leben, in der der Staat nicht alles kontrolliert und man frei seine Meinung sagen kann.
- Sie wollten besser leben als in der DDR.
- Sie wollten zu ihren Verwandten in der Bundesrepublik.
- Sie durften ihren Beruf nicht frei wählen.
- Sie glaubten nicht an die Zukunft des Sozialismus.
- Sie wollten in ihrem Beruf etwas Neues machen.

16. Hören Sie das Gespräch mit Dieter Karmann.

2 29

Das ist Dieter Karmann (34). Er ist Fotograf und Buchautor. Bis 1989 hat er in der DDR gelebt. Dann ist er in die Bundesrepublik gekommen. Jetzt wohnt er in Norddeutschland.

a) Warum ist er in die Bundesrepublik gekommen?
b) Wie hat er das geschafft?
c) Worüber hat er sich geärgert? Warum?

5

Ein klares Programm

2 30

Hase Herr Minister – seit Monaten hat es nicht mehr geregnet,
die Felder und Wiesen sind ausgetrocknet.
Was werden Sie dagegen tun, wenn Sie die Wahlen gewinnen?

Wolf Also, dass wir die Wahlen gewinnen, ist für mich überhaupt keine Frage.
Die letzten Umfragen zeigen ja eindeutig,
dass der Wähler uns vertraut.

Hase Gut, aber was wollen Sie gegen die Trockenheit machen?

Wolf Im Unterschied zur Opposition, die ganz offensichtlich ratlos ist,
haben wir uns Gedanken gemacht
und wir werden die drängenden Fragen der Gesellschaft
mit aller Entschiedenheit in Angriff nehmen.

Hase Und wie werden Sie diese Trockenheit bekämpfen –
ich meine, ganz konkret?

Wolf Wir wissen sehr gut, dass es so nicht weitergehen kann,
und wir sind uns unserer Verantwortung voll und ganz bewusst.
Im übrigen sind wir Realisten und keine Träumer.

Hase Ich meine – haben Sie schon konkrete Maßnahmen
ins Auge gefasst?

Wolf Meine Freunde und ich stimmen darin überein,
dass wir diese und andere Probleme
nur mit großer Entschlossenheit lösen können –
und zwar im Auftrag der Wähler.

Hase Eine letzte Frage, Herr Minister:
Leiden Sie persönlich unter der Trockenheit?

Wolf Ich bin persönlich der Meinung,
dass wir alles, was den Bürger bedrückt, ernst nehmen müssen.
Sehr ernst.

Hase Herr Minister – ich danke Ihnen für dieses Gespräch.

Lektion 9

25 JAHRE
die silberne Hochzeit

die Rentnerin der Rentner

50 JAHRE
die goldene Hochzeit

die Rente

65 JAHRE
die eiserne Hochzeit
platino

Jung und Alt unter einem Dach?

Lesen Sie, was unsere Leser zu diesem Thema schreiben.

Eva Simmet, 32 Jahre

Wir wohnen seit vier Jahren mit meiner Mutter zusammen, weil mein Vater gestorben ist. Sie kann sich überhaupt nicht mehr anziehen und ausziehen, ich muss sie waschen und ihr das Essen bringen. Deshalb musste ich vor zwei Jahren aufhören zu arbeiten.
Ich habe oft Streit mit meinem Mann, weil er sich jeden Tag über Mutter ärgert.
Wir möchten sie schon lange in ein Altersheim bringen, aber wir finden keinen Platz für sie.
Ich glaube, unsere Ehe ist bald kaputt.

Irene Kahl, 35 Jahre

Viele alte Leute sind enttäuscht, wenn sie alt sind und allein bleiben müssen.
Muss man seinen Eltern nicht danken für alles, was sie getan haben? Manche Familien wären glücklich, wenn sie noch Großeltern hätten. Die alten Leute können im Haus und im Garten arbeiten, den Kindern bei den Schulaufgaben helfen, ihnen Märchen erzählen oder mit ihnen ins Kino oder in den Zoo gehen. Die Kinder freuen sich darüber und die Eltern haben dann auch mal Zeit für sich selber.

Franz Meuler, 42 Jahre

Wir freuen uns, dass wir mit den Großeltern zusammen wohnen können. Unsere Kinder wären sehr traurig, wenn Oma und Opa nicht mehr da wären. Und die Großeltern fühlen sich durch die Kinder wieder jung. Natürlich gibt es auch manchmal Probleme, aber wir würden die Eltern nie ins Altersheim schicken. Sie gehören doch zu uns. Die alten Leute, die im Altersheim leben müssen, sind oft so unglücklich, weil niemand sie besucht und niemand ihnen zuhört, wenn sie Probleme haben.

Wilhelm Preuß, 74 Jahre

Seit meine Frau tot ist, lebe ich ganz allein. Ich möchte auch gar nicht bei meiner Tochter in Stuttgart wohnen; ich würde sie und ihre Familie nur stören. Zum Glück kann ich mir noch ganz gut helfen. Ich wasche mir meine Wäsche, gehe einkaufen und koche mir mein Essen. Natürlich bin ich viel allein, aber ich will mich nicht beschweren. Meine Tochter schreibt mir oft Briefe und besucht mich, wenn sie Zeit hat. Ich wünsche mir nur, dass ich gesund bleibe und nie ins Altersheim muss.

Unser Diskussionsthema für nächste Woche: Wann darf ein Kind allein in den Urlaub fahren? Schreiben Sie uns Ihre Meinung und schicken Sie ein Foto mit.

1. Wer meint was?

	Herr	Frau
a) Alte Leute und Kinder können nicht gut zusammenleben.		
b) Probleme mit den Großeltern sind nicht schlimm.		
c) Alte Leute sollen nicht allein bleiben.		
d) Alte Leute stören oft in der Familie.		
e) Alte Leute gehören ins Altersheim.		
f) Großeltern können viel für die Kinder tun.		
g) Es ist schwierig mit alten Leuten zusammen zu wohnen.		
h) Großeltern gehören zur Familie.		
i) Manche Familien sind ohne Großeltern traurig.		

2. Was schreibt Herr Preuß? Erzählen Sie.

Erzählen Sie auch, was die anderen Personen sagen.

Reflexivpronomen

Ich ärgere **mich.** *Akkusativ*
Er/Sie ärgert **sich.**
(sich ausziehen, waschen, beschweren, unterhalten, jung fühlen)

Ich helfe **mir.** *Dativ*
Er/Sie hilft **sich.**
(sich wünschen, Essen kochen, Haare waschen)

§ 10

3. Sollen Großeltern, Eltern und Kinder zusammen in einem Haus leben?

Was meinen Sie? Diskutieren Sie im Kurs.

Ja, Nein,	weil … wenn … obwohl … aber …	das Familienleben stören für die Kinder wichtig sein mit den Kindern spielen Platz im Haus haben die Eltern lieben Probleme bekommen den Kindern helfen	nicht allein sein krank sein aktiv sein gesund sein Streit bekommen weiterarbeiten sich jung fühlen

4. Wohnen bei den Kindern oder im Altersheim? Welche Alternativen gibt es noch für alte Menschen? Diskutieren Sie Vor- und Nachteile.

Wohngemeinschaft – Altenwohnung – Altensiedlung – Wohnung in der Nähe von Angehörigen …

2

Ein schöner Lebensabend

Im Seniorenheim „Abendfrieden“ in einem Vorort von Stuttgart wird dieser Wunsch wahr. In hellen, freundlichen Kleinappartements (ab € 980 / Monat), zum Teil mit Balkon, können unsere Pensionäre sich so einrichten, wie sie gern möchten – mit ihren eigenen Möbeln. Allein ist man bei uns nur dann, wenn man allein sein möchte. Eine Krankenschwester und ein Arzt sind immer da, wenn Hilfe gebraucht wird. Wir helfen Ihnen, wenn Sie sich nicht mehr selbst helfen können.

Pflege in Ein- und Zweibettzimmern ab € 65 / Tag

Schreiben Sie für nähere Informationen an:

Seniorenheim „Abendfrieden“,
Sekretariat
Friedrichstraße 7, 70174 Stuttgart

»Haus Schlosspension«

Privates Alten- und Pflegeheim

Wir sind immer für Sie da!

Unser Haus liegt ruhig in der Stadtmitte von Idar-Oberstein. Wir betreuen, pflegen und versorgen alte und kranke Menschen in einer angenehmen, wohnlichen Atmosphäre. Unsere Zimmer sind groß und haben alle ein Bad, eine Toilette, einen Balkon und ein Telefon.

Bitte informieren Sie sich:
»Haus Schlosspension«
Nordtorstraße 9
55743 Idar-Oberstein
Tel. 06781/2 24 39
täglich 9.00–18.00 Uhr

Johanneshaus **Altenheim der evangelischen Kirche**

Gemeinschaft – Sicherheit – Pflege bietet der Aufenthalt im Senioren- und Pflegeheim „Johanneshaus“ in Saarbrücken. Es liegt ruhig am Stadtrand, aber trotzdem nur 15 Busminuten von der City.
Die Bewohner leben in hellen, speziell für alte Leute eingerichteten 1- u. 2-Bett-Zimmern (Pflege) oder Appartements mit eigener Dusche und WC, Telefon und TV-Anschluss. Das Haus hat alle Einrichtungen für eine moderne Pflege und bietet viele Freizeitmöglichkeiten (Vorträge, Videofilme, gemeinsame Busfahrten und Ausflüge, Bibliothek, Hobbyräume und sogar ein kleines Schwimmbad).
Das Haus ist offen für Privatzahler und für Personen, deren Kosten von der Pflegeversicherung oder vom Sozialamt bezahlt werden. Auch wenn Sie noch keine Pflege brauchen, können Sie in unserem Haus wohnen und sich selbst versorgen. Wenn Sie Interesse haben, rufen Sie uns an. Wir haben Zeit uns mit Ihnen über Ihre Wünsche und Probleme zu unterhalten.

Senioren- und Pflegeheim „Johanneshaus“
Theodor-Heuss-Straße 120 · 66133 Saarbrücken
Telefon: (02302) 8 59 80

5. Was bieten die Altenheime?

a) „Seniorenheim Abendfrieden“:	Das Heim hat ... / Es gibt ...
b) „Haus Schlosspension“:	Die Pensionäre wohnen in ...
c) „Johanneshaus“:	Die Pensionäre kommen ...

6. Welches Altenheim finden Sie am besten? Warum?

Was fehlt Ihrer Meinung nach in den Altenheimen? Wie stellen Sie sich ein ideales Altenheim vor?

Wohnungen für Ehepaare – Veranstaltungen – Freizeitmöglichkeiten – Lage – Kosten – gemeinsame Reisen – Sport – Hobbyräume – Küche – Tanz – Kontakte zu jungen Leuten

Gruppenarbeit: Diskutieren Sie die Bedingungen für ein ideales Altenheim.

7. Seniorentreffen

2 31

Hören Sie die Gespräche von der Kassette und notieren Sie die Angaben zu jeder der 4 Personen.

a) Wie alt sind die drei Rentner und die Rentnerin?
b) Welchen Beruf hatten die Personen früher?
c) In welchem Alter haben sie aufgehört zu arbeiten?
d) Wie viel Rente bekommen sie im Monat?
e) Wohnen sie im Altersheim, bei ihren Kindern oder in einer eigenen Wohnung?
f) Sind sie verheiratet, ledig oder verwitwet?

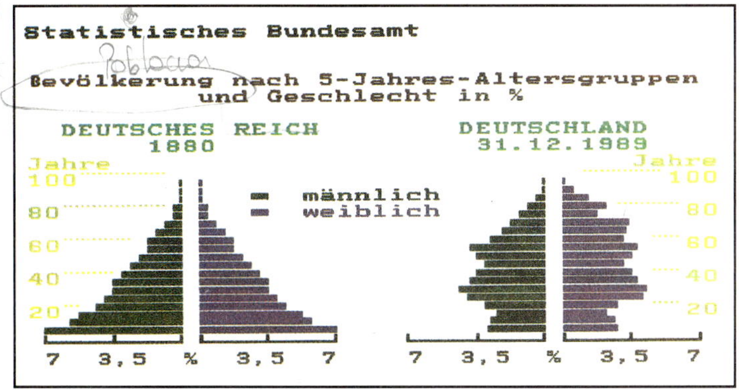

§ 8

8. Was sagen die Statistiken aus?

- ☐ 1880 gab es mehr junge Leute als alte.
- ☐ 1880 war die Mehrheit der Bevölkerung über 60.
- ☐ 1989 gab es fast genauso viele 60-Jährige wie 40-Jährige.
- ☐ 1989 gab es mehr 80-jährige Frauen als Männer.
- ☐ 1988 waren 15% der Bevölkerung älter als 65 Jahre.
- ☐ 1988 waren nur 16% der Bevölkerung älter als 14 Jahre.
- ☐ 2040 ist die Mehrheit der Bevölkerung über 65 Jahre.
- ☐ 2040 gibt es mehr alte Leute als Jugendliche und Kinder.

9. Was meinen Sie: Welche Probleme und Konsequenzen kann es geben, wenn es in einer Gesellschaft immer mehr alte Menschen gibt?

Die Politik wird stärker von alten Menschen	bieten, …
Die Finanzprobleme der Rentenversicherung	geben, …
Man muss mehr besondere Wohnungen für alte Leute	arbeiten, …
Wenn sie können, müssen alte Leute auch mit 70 noch	werden größer, …
Die Industrie muss mehr besondere Artikel für alte Leute	bestimmt, …
Man muss mehr Altenheime	steigen, …
Die Kosten für die Krankenversicherung	bauen, …
Es muss mehr Pflegepersonal	produzieren, …
Industrie und Handel müssen mehr besondere Arbeitsplätze für alte Leute	

… weil
- alte Leute häufiger krank sind.
- viele alte Leute sich nicht mehr selbst versorgen können.
- sie bei Wahlen mehr Stimmen als früher haben.
- alte Leute andere Wünsche und Bedürfnisse haben.
- sie nicht mehr so schwer und so schnell arbeiten können.
- es nicht genug junge Arbeitskräfte gibt.
- viele alte Leute nicht im Altenheim wohnen möchten.
- immer mehr Leute eine Rente bekommen.

Welche Probleme / Konsequenzen fallen Ihnen noch ein?
Welche Lösungen sehen Sie?

3

Endlich ist mein Mann zu Hause

Herr Bauer, 64, war Möbelschreiner. Vor einem Jahr ist er in Rente gegangen. Was tut ein Mann, wenn er endlich nicht mehr arbeiten muss? Er wird Chef im Haus, wo vorher die Frau regierte. Wie das aussieht, erzählt (nicht ganz ernst) Frau Bauer.

So lebte ich, bevor mein Mann Rentner wurde: Neben dem Haushalt hatte ich viel Zeit zum Lesen, Klavier spielen und für alle anderen Dinge, die Spaß machen. Mit meinem alten Auto (extra für mich) fühlte ich mich frei. Ich konnte damit schnell ins Schwimmbad, in die Stadt zum Einkaufen oder zu einer Freundin fahren.

Heute ist das alles anders: Wir haben natürlich nur noch *ein* Auto. Denn mein Mann meint, wir müssen jetzt sparen, weil wir weniger Geld haben. Deshalb bleibt das Auto auch meistens in der Garage. Meine Einkäufe mache ich jetzt mit dem Fahrrad oder zu Fuß. Ziemlich anstrengend, finde ich. Aber gesund, meint mein Mann. In der Küche muss ich mich beeilen, weil das Mittagessen um 12 Uhr fertig sein muss. Ich habe nur noch selten Zeit morgens die Zeitung zu lesen. Das macht jetzt mein Mann. Während er schläft, backe ich nach dem Mittagessen noch einen Kuchen (mein Mann findet den Kuchen aus der Bäckerei zu teuer) und räume die Küche auf.

Weil ihm als Rentner seine Arbeit fehlt, sucht er jetzt immer welche. Er schneidet die Anzeigen der Supermärkte aus der Zeitung aus und schreibt auf einen Zettel, wo ich was am billigsten kaufen kann. Und als alter Handwerker repariert er natürlich ständig etwas: Letzte Woche einen alten Elektroofen und fünf Steckdosen. Oder er arbeitet im Hof und baut Holzregale für das Gästezimmer unter dem Dach. Ich finde das eigentlich ganz gut. Aber leider braucht er wie in seinem alten Beruf einen Assistenten, der tun muss, was er sagt. Dieser Assistent bin jetzt ich. Den ganzen Tag höre ich: »Wo ist ...?«, »Wo hast du ...?«, »Komm doch mal!«, »Wo bist du denn?« Immer muss ich etwas für ihn tun. Eine Arbeit muss der Rentner haben!

10. So sieht Frau Bauer die neue Situation.

Was glauben Sie, was würde wohl Herr Bauer schreiben? Worüber ärgert er sich? Worüber regt er sich auf?

11. „Immer will er etwas!“

Personalpronomen

Bringst du es mir?
Bringst du mir das?

Definitivpronomen

Öl Pflaster Farbe Lampe Bürste Bleistift Holz
Papier Kugelschreiber Seife Zigaretten Brille Messer

bringen
suchen
holen
geben

§ 33

12. Kennen Sie auch alte Leute? (Großmutter, Großvater, Nachbarin, Vermieter…)

Wie leben sie? Was machen sie?

morgens
mittags
nachmittags
abends
jeden Tag
immer
gewöhnlich
manchmal
meistens
oft

im Garten arbeiten auf die Kinder aufpassen den Kindern helfen
Briefe schreiben telefonieren noch arbeiten Karten spielen
viel schlafen Spaziergänge machen sich mit | Freunden / Bekannten | treffen
in einem … Verein sein allein sein
immer zu Hause bleiben viel Besuch haben Musik hören
lesen sich unterhalten viel reisen Verwandte besuchen

»DIE EISERNEN«

Viele Paare feiern nach 25 Ehejahren die „silberne Hochzeit“, nur noch wenige nach 50 Jahren die „goldene Hochzeit“. Und ganz wenige Glückliche können nach 65 gemeinsam erlebten Jahren die „eiserne Hochzeit“ feiern. Unser Reporter hat drei „eiserne Paare“ besucht und mit ihnen gesprochen.

❀ „Liebe Ilona! Glaube mir, ich liebe immer nur Dich. Dein Xaver.“ Das hat Xaver Dengler vor langer Zeit seiner späteren Frau auf einer Postkarte geschrieben. Die „Liebe für immer“ haben schon viele Männer versprochen, aber Xaver Dengler ist nach 70 Jahren wirklich noch mit seiner Ilona zusammen. Sie sitzen in ihrer Dreizimmerwohnung und lesen ihre alten Liebesbriefe. „Ich hätte keinen anderen Mann geheiratet“, sagt Ilona. „Und ich keine andere Frau“, sagt Xaver. Als sie sich kennen lernten, war sie 14 Jahre alt und er 18. „Das war so“, erzählt Frau Dengler, „meine Schwester und ich konnten schön singen. Wir haben im Garten vor unserem Haus gesessen. Da ist der Xaver mit einem Freund vorbeigekommen. Sie haben zugehört, wie wir gesungen haben, und dann haben sie gefragt, ob sie sich zu uns setzen dürfen. So hat alles angefangen.“ „Ja, das ist wahr“, sagt er und lacht, „aber mich habt ihr nie mitsingen lassen.“

Als sie 1916 heirateten, war das erste Kind schon da. „Die Leute im Dorf haben natürlich geredet, aber meine Familie hat es Gott sei Dank akzeptiert. Es war damals Krieg. Wir mussten warten, bis Xaver Heiratsurlaub bekam“, erzählt Frau Dengler. „Ganz so ungewöhnlich war das damals wohl nicht“, meint Herr Dengler. „Die Leute haben es schon verstanden. Nur, geredet haben sie trotzdem.“

70 gemeinsame Jahre – waren Ilona und Xaver das ideale Ehepaar? Eine Traumehe war es wohl nicht. „Er ist jeden Sonntag in die Berge zum Wandern gegangen und ich war allein zu Hause mit den Kindern. Beim Wandern waren auch Mädchen dabei, das habe ich gewusst. Da habe ich mich manchmal geärgert. Ob er eine Freundin hatte, weiß ich nicht. Ich habe ihn nie gefragt.“ Xaver: „Ich hätte es dir auch nicht gesagt. Aber wir beide haben uns doch immer gern gehabt.“ Streit haben sie nie gehabt, sagen Xaver und Ilona. Nur einmal, aber das war schnell vorbei. „Ja, du warst immer ein guter Mann, Xaver“, sagt Ilona. Was kann man sich noch erzählen, wenn man schon 65 Jahre verheiratet ist? Für die Denglers ist das offenbar kein Problem. Ihre Tochter, die bei ihnen wohnt, hört die alten Leute im Bett oft noch stundenlang reden.

In einem Hamburger „Tanzsalon" haben sie sich 1910 kennen gelernt und noch vor dem ersten Weltkrieg geheiratet: Marianna und Adolf Jancik. Als Schlosser hatte er damals einen Wochenlohn von 38 Mark. „Wenn du deine Arbeit hast, dein Essen und Trinken: Was soll da schwierig sein", sagt der 93jährige im Rückblick auf seine lange Ehe. Seine 90jährige Frau ist stolz auf ihren Eherekord: „70 Jahre lang jeden Tag Essen kochen – das soll mir erst einer nachmachen!"
Das Erinnerungsfoto stammt von der goldenen Hochzeit der beiden.

„Bei uns kann man wirklich sagen, es war Liebe auf den ersten Blick", meint Heinrich Rose. Als er und seine spätere Frau Margarethe sich im Jahr 1921 verlobten, war er noch Student. Zwei Jahre später, bei der Hochzeit, arbeitete er schon als Jurist.
So gut er kann, hilft der 88jährige seiner 87jährigen Frau im Haushalt. Seine Liebeserklärung heute: „Ich würd' dich noch mal heiraten, bestimmt ..." Die längste Zeit der Trennung in über 60 Ehejahren? „Sieben Tage warst du einmal allein verreist", sagt sie, „eine schreckliche Woche!"

13. Was sagen die alten Leute?

a) über ihre Ehepartner? b) über ihre Ehe? c) über ihr gemeinsames Leben?

14. Was steht im Text über Xaver und Ilona?

§ 11

Erzählen Sie im Kurs. Hier sind Stichworte.

schon über 70 Jahre – immer noch – Alter, als sie sich kennen lernten – wie kennen gelernt? – Kind schon vor der Ehe – Traumehe? – Wochenende allein – Freundin – Streit – sich viel erzählen…

Xaver und Ilona haben sich vor 70 Jahren kennen gelernt. Jetzt sind sie …

Reziprokpronomen

Er lernt sie kennen. Sie lernt ihn kennen.
Sie lernen **sich** kennen.

15. Kürzen Sie den Text über Xaver und Ilona.

Kürzen Sie den Text so, dass er nicht länger ist als die Texte zu den beiden anderen Paaren.

16. Auch eine Liebesgeschichte

Ich bin 65 Jahre alt und fühle mich seit dem Tod meiner Frau sehr einsam. Welche liebe Dame (Nichtraucherin) möchte sich einmal mit mir treffen? Ich bin ein guter Tänzer, wandere gern und habe ein schönes Haus im Grünen.
Tel. 77 53 75

Erzählen Sie die Liebesgeschichte. Verwenden Sie folgende Wörter.

Am Anfang	Später	Am Schluss
Deshalb	Schließlich	Dann

sich verabredet
sich verlobt
sich besucht
sich beim Tanzen getroffen
sich gestritten
sich nicht mehr geliebt
sich verliebt

Die Rentner-Band von Ludwigshafen

Pensionär gründet Motorrad-Museum

Die Reisen des Rentners Emil Kranz

Nach der Pensionierung: Als Sozialarbeiter in Afrika

Emil Staiger (66) gewinnt Volkslauf in Hillegossen

Eine Großmutter für 5 Euro pro Stunde

Kochen wie zu Großmutters Zeiten: Rentnerin organisiert Kochkurse für junge Frauen

Statt Altersheim: Mit 70 in die Wohngemeinschaft

17. Hören Sie das Interview.

2 32

a) Welche Schlagzeile passt zu dem Interview?
b) Sind die folgenden Aussagen richtig r oder falsch f?

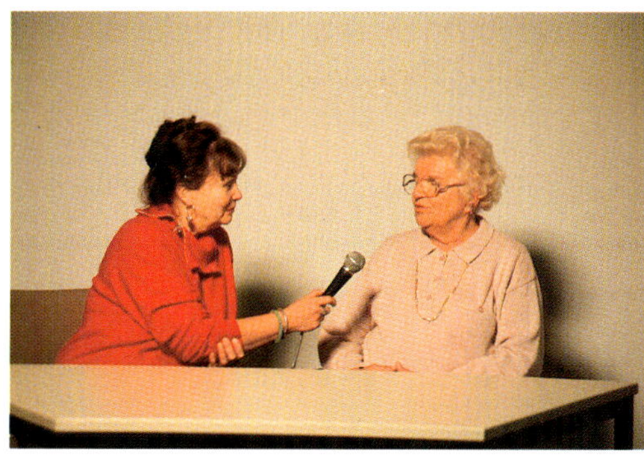

- ☐ Frau Heidenreich ist 69 Jahre alt.
- ☐ Sie war früher Ärztin von Beruf.
- ☐ Vor zwei Jahren hat sie einen Verein für Leihgroßmütter gegründet.
- ☐ Das bedeutet, sie vermittelt ältere Damen an Familien, die eine Hilfe für die Hausarbeit brauchen.
- ☐ Der Verein antwortet auf Anzeigen, die von jungen Familien aufgegeben werden.
- ☐ Der Verein hat 27 Mitglieder.
- ☐ Die alten Damen sind zwischen 62 und 77 Jahre alt.
- ☐ Frau Heidenreich hat früher einen kleinen Jungen aus der Nachbarschaft betreut.
- ☐ Die Nachbarsfamilie ist später nach Hamburg umgezogen.
- ☐ Frau Heidenreich hat die Idee zu dem Verein zuerst mit ihren Freundinnen besprochen.
- ☐ Die jungen Eltern kommen zum Verein und suchen sich eine Leihgroßmutter aus.
- ☐ Der Verein bekommt von den Familien eine einmalige Vermittlungsgebühr.
- ☐ Die Vereinsmitglieder möchten mit ihrer Tätigkeit vor allen Dingen Geld verdienen.
- ☐ Ein Mitglied des Vereins ist inzwischen ganz zu einer Familie gezogen, bei der sie vorher Leihgroßmutter war.
- ☐ Wenn es Probleme gibt, werden sie gemeinsam im Verein besprochen.

c) Korrigieren Sie die falschen Aussagen.
d) Schreiben Sie einen Zeitungsartikel über Frau Heidenreich und ihren Verein.

18. Haben Sie schon Wünsche oder Ideen für Ihr eigenes Alter?

6

2 33

○ Schau nur, Otto, da drüben, die jungen Leute!
□ Wo ...? Ach, du meinst das Pärchen, das gerade zu uns rüberschaut?
○ Was glaubst du, was die jetzt denken?
□ Weiß ich nicht, ist mir auch völlig egal.
○ Sicher denken sie: „Die in ihrem Alter, dass die sich nicht schämen."
□ Schämst du dich, mein Schäfchen?
○ Nein, mein kleiner Humpelbock, im Gegenteil. Ich freue mich.
□ Ich auch. Mein Gott, nie wieder möchte ich so jung sein!
○ Ich auch nicht, um keinen Preis. Dieses schreckliche Theater mit der sogenannten Liebe ...
□ Ja, sie können einem Leid tun, die jungen Leute!
○ Siehst du, jetzt stehen sie auf und gehen fort.
□ Sicher hat er gesagt, dass er nicht versteht, warum sie gestern in der Disko ständig mit dem Bob getanzt hat.
○ Und sie hat gesagt, dass sie nicht versteht, warum er das dem Bob erlaubt hat.
□ Und so weiter ...
○ Und so weiter ...
□ Wie gut, dass wir nicht mehr in die Disko gehen!
○ Sondern an Weihnachten nach Bali fliegen.
□ Wie wär's mit einem Kuss?
○ Tut man das in unserem Alter? Und in aller Öffentlichkeit?
□ Natürlich nicht. Deswegen ist es ja auch so schön!

Lektion 10

das Lexikon
Bilder-Lexikon
Kochen ist Kunst
das Kochbuch
die Zeitschrift
Wochenende
DEIN BABY
Hochzeit des Jahres
100 Gewinne!
der Krimi
Krimi
DAS AUTO
das Sachbuch

1. Machen Sie aus den Sätzen kleine Gedichte.

Finden Sie auch einen Titel. Zum Beispiel:

Allein im Sommer
Vor mir liegt ein Brief von dir.
Du glaubst, du hättest mich gekannt.
Ich zähle die Wolken. Es sind nur vier.
Schon zieht der Sommer übers Land.

2. Sie können die Reime auch anders ordnen.

Zum Beispiel:

... Land ... Wand ... hier ... vier	oder	... Land ... hier ... vier ... Wand	oder	... Wand ... stand ... Hand ... Sand

3. Wenn Sie möchten, können Sie die Sätze verändern.

Zum Beispiel:

Mein Haus steht dort unten am Strand.
Ich liege mit dir am Strand.
Kommst du mit an den Strand?
...

4. Machen Sie selbst auch neue Reime.

Zum Beispiel mit:

... Mai
... frei
... vorbei
... zwei
... drei
...

Herbsttag

(...)
Wer jetzt kein Haus hat, baut sich keines mehr,
Wer jetzt allein ist, wird es lange bleiben,
wird wachen, lesen, lange Briefe schreiben
und wird in den Alleen hin und her
unruhig wandern, wenn die Blätter treiben.
(...)

Rainer Maria Rilke (1875–1926)

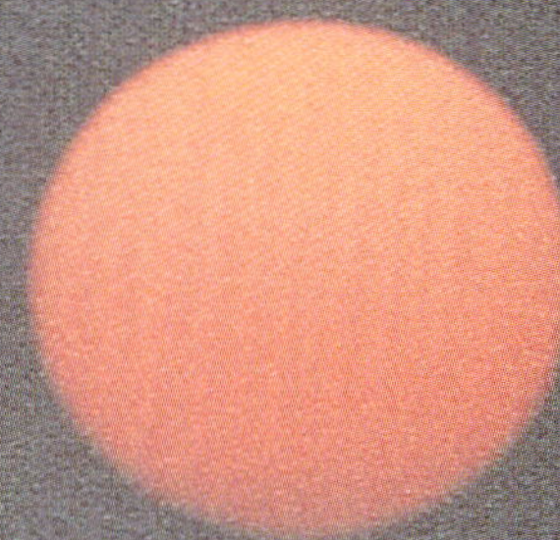

(...)
Im wunderschönen Monat Mai,
Als alle Knospen sprangen,
Da ist in meinem Herzen
Die Liebe aufgegangen

Im wunderschönen Monat Mai,
Als alle Vögel sangen,
Da hab ich ihr gestanden
Mein Sehnen und Verlangen.
(...)

Heinrich Heine (1797–1856)

Vergänglichkeit

(...)
Vom Baum des Lebens fällt
Mir Blatt um Blatt
O taumelbunte Welt,
Wie machst du satt,
Wie machst du satt und müd,
Wie machst du trunken!
(...)

Hermann Hesse (1877–1962)

DER RAUCH

DAS KLEINE HAUS UNTER
BÄUMEN AM SEE.
VOM DACH STEIGT RAUCH.
FEHLTE ER
WIE TROSTLOS DANN WÄREN
HAUS, BÄUME UND SEE

BERTOLT BRECHT (1898–1956)

Lied des Harfenmädchens

(...)
Heute, nur heute
Bin ich so schön;
Morgen, ach morgen
Muß alles vergehn!
Nur diese Stunde
Bist du noch mein;
Sterben, ach sterben
Soll ich allein.
(...)

Theodor Storm (1817–1888)

Buch-Boutique

Marie-Luise Kreuter
Der Bio-Garten 1

Hedwig Maria Stuber
Ich helf dir kochen 2

Sven Nordquist
Eine Geburtstagstorte für die Katze 3

Gabriele Krone-Schmalz
... an Russland muss man einfach glauben 4

Umberto Eco
Der Name der Rose 5

Lara Cardella
Ich wollte Hosen 6

◆ Der alte Herr Pettersson hat eine Katze. Aber Findus ist keine normale Katze, denn sie kann sprechen. Und sie hat dreimal im Jahr Geburtstag, weil das lustiger ist. Dann backt Herr Pettersson immer eine Torte. Aber diesmal kann er kein Mehl finden und dann wird alles sehr kompliziert.

◆ Hier finden Sie mehr als 2000 Rezepte für den kleinen und für den großen Hunger. Auch schwierige Menüs werden einfach erklärt. Außerdem gibt es viele Tips für die gesunde Ernährung.

◆ Das ist die Geschichte eines Mädchens aus Sizilien, aber es ist keine schöne Geschichte. Die Eltern schlagen ihre Tochter und von ihrem Onkel wird sie sexuell missbraucht. Ein Bestseller in Italien und in Deutschland.

◆ Als erste westliche Korrespondentin machte die Autorin ein Interview mit Michael Gorbatschow. In ihrem Buch beschreibt sie ihre vier Moskauer Jahre, ihre privaten und offiziellen Kontakte aus dieser Zeit.

◆ Bunte Blumen, frisches Obst, gesundes Gemüse – alles aus dem eigenen Garten: Wer möchte das nicht? In diesem Buch finden Sie alles, was Sie über den biologischen Garten wissen müssen. Die Autorin gibt viele Tips aus der eigenen Gartenpraxis.

◆ Interessieren Sie sich für die Geschichte des Mittelalters? Lieben Sie Kriminalromane? Dann ist dieser Roman ganz bestimmt das Richtige für Sie. Nach diesem Bestseller wurde auch ein Kinofilm gedreht – mit Sean Connery in der Hauptrolle.

5. Welcher Text gehört zu welchem Buch?

6. Welches Buch ist ein:

Kinderbuch, Kriminalroman, politisches Buch, Gartenbuch, Kochbuch, Roman?

Anna Wimschneider

Anna Wimschneider, geboren 1919 in Niederbayern, ist acht Jahre alt, als ihre Mutter bei der Geburt des neunten Kindes stirbt. Da ist für Anna die Kindheit vorbei. Als ältestes Mädchen muss sie in der großen Bauernfamilie die Hausfrau und Mutter ersetzen. Annas Jugend besteht nur aus Arbeit und Armut. Mit zwanzig Jahren heiratet sie ihre erste und einzige Liebe Albert Wimschneider. Elf Tage nach der Hochzeit muss Albert zum Militär; Anna bleibt auf dem Bauernhof ihres Mannes mit vier alten kranken Leuten zurück. Jetzt beginnt ihr Arbeitstag um zwei Uhr in der Nacht. Anna Wimschneider, die nur fünf Jahre eine Schule besuchen konnte, hat in dem Buch „Herbstmilch" ihr Leben beschrieben – das Leben einer Bäuerin. Es ist keine Idylle vom fröhlichen und gesunden Landleben.

HERBST MILCH

Lebenserinnerungen einer Bäuerin

Bestseller

BELLETRISTIK

1	Wimschneider: Herbstmilch Piper; 12 Euro	(1)
2	Allende: Eva Luna Suhrkamp; 19 Euro	(2)
3	Danella: Das Hotel im Park Hoffmann und Campe; 19,80 Euro	(4)
4	King: Schwarz Heyne; 10,80 Euro	(3)
5	Süskind: Das Parfüm Diogenes; 15,80 Euro	(6)
6	Mehta: Die Maharani Droemer; 19,80 Euro	(5)
7	Groult: Salz auf unserer Haut Droemer; 17 Euro	(9)
8	Lessing: Das fünfte Kind Hoffmann und Campe; 15,80 Euro	(7)
9	Sheldon: Die Mühlen Gottes Planvalet; 19,80 Euro	(11)
10	Bradley: Die Feuer von Troia Krüger, 24 Euro	(8)

3

Im Landkreis Rottal-Inn steht an einem leichten Osthang ein Bauernhof mit neun **Hektar** Grund. Drinnen wohnten Vater und Mutter und der Großvater, das war Mutters Vater, und dazu noch acht Kinder. Franz war der älteste, dann kam der Michl, der Hans und ich, das erste Mädchen, nach mir Resl, Alfons, Sepp und Schorsch und später dann noch ein **Bub**. (...)

Einmal spielten wir auch so schön und lustig und liefen alle rund ums Haus. Da kam bei der Haustüre die Fanny heraus mit unserem **Badewandl** und schüttete nahe beim Haus viel Blut aus. ... Sie sagte, das ist von der Mutter. ... Die Mutter lag im Bett, sie hatte den Mund offen und ihre Brust hob und senkte sich in einem **Röcheln.** Im **Bettstadl** lag ein kleines Kind und schrie, was nur rausging. Wir Kinder durften zur Mutter ans Bett gehen und jedes einen Finger ihrer Hand nehmen.

(...)

Es war gerade Sommer, meine Mutter ist am 21. Juli 1927 gestorben.

(...)

Es kam die Ernte, und die meiste Arbeit war da die Feldarbeit, und jeder hatte es satt, immer wieder zu helfen. Da dachte der Vater, ich muß mir selber helfen. Es blieb ihm nichts anderes übrig, als die Kinder arbeiten zu lassen.

(...)

Es dauerte nicht lange, da sagten die Buben, im Haus ist alles deine Arbeit, das ist **Dirndsarbeit.** Nach der Schule kam die Meieredermutter, um mir das Kochen beizubringen. In meinem Beisein sagte der Vater zu ihr, wenn sich's das **Dirndl** nicht merkt, **haust du ihr eine runter,** da merkt sie es sich am schnellsten. An Sonntagen lernte sie mir das meiste, da war keine Schule. Mit neun Jahren konnte ich schon **Rohrnudeln, Dampfnudeln,** Apfelstrudel, Fischgerichte und viele andere Dinge kochen.

(...)

Milch und Kartoffeln und Brot gehörten zu unserer Hauptnahrung. Abends, wenn ich nicht mehr richtig kochen konnte, weil wir oft von früh bis vier Uhr nachmittags Schule hatten und dann erst in der Abenddämmerung heimkamen, da haben wir für die Schweine einen großen **Dämpfer** Kartoffeln gekocht. Die kleinen Kinder konnten kaum erwarten, bis er fertig war, schliefen dann aber doch auf dem **Kanapee** oder auf der harten Bank ein. Wir mußten sie dann zum Essen wecken. Weil wir so viel Hunger hatten, haben wir so viele Kartoffeln gegessen, daß für die Schweine nicht genug übrigblieb. Da hat der Vater geschimpft. Der Hans hat einmal 13 Kartoffeln gegessen, da hat der Vater gesagt,(...) friß nicht so viel, es bleibt ja nichts mehr für die **Sau.**

(...)

Hosen wurden jeden Tag zerrissen. Da zwang mich mein Vater, bis um zehn Uhr abends zu nähen und zu **flicken,** wenn alle ande-

Hektar : ein Hektar = 10 000 m^2

Bub: Junge (bayerisch)

Badewandl: Badewanne (bayerisch)

röcheln: laut und schwer atmen

Bettstadl: Kinderbett (bayerisch)

Dirndsarbeit: Arbeit für Mädchen

Dirndl: Mädchen (bayerisch)

eine runterhauen: ins Gesicht schlagen

Rohrnudel, Dampfnudel: bayerische Mehlspeise

Dämpfer: Kochtopf (bayerisch)

Kanapee: Möbel, auf dem man sitzen und liegen kann

Sau: weibliches Schwein

flicken: kaputte Kleidung reparieren

§ 3 Nomen mit besonderen Formen im Singular

a) Einige maskuline Nomen

Nominativ	der	Mensch	Herr	Kollege		Name
Akkusativ	den	Mensch<u>en</u>	Herr<u>n</u>	Kollege<u>n</u>		Name<u>n</u>
Dativ	dem	Mensch<u>en</u>	Herr<u>n</u>	Kollege<u>n</u>		Name<u>n</u>
Genitiv	des	Mensch<u>en</u>	Herr<u>n</u>	Kollege<u>n</u>		Name<u>ns</u>

Diese Endungen auch bei anderen Nomen:

wie Mensch: Assist<u>ent</u>, Pati<u>ent</u>, Präsid<u>ent</u>, Stud<u>ent</u>, Musik<u>ant</u>, …
Demokr<u>at</u>, Sold<u>at</u>, …
Fotogr<u>af</u>, …
Journal<u>ist</u>, Jur<u>ist</u>, Kompon<u>ist</u>, Poliz<u>ist</u>, Tour<u>ist</u>, …
wie Herr: Bauer; Nachbar
wie Kollege: Junge, Kunde, Neffe
Chinese, Grieche, Franzose, …

Diese Endungen auch bei

Friede; Gedanke

b) Nomen aus Adjektiven

	Maskulinum		*Femininum*	
Nom.	der Angestellt<u>e</u>	ein Angestellt<u>er</u>	die Angestellt<u>e</u>	eine Angestellt<u>e</u>
Akk.	den Angestellt<u>en</u>	einen Angestellt<u>en</u>	die Angestellt<u>e</u>	eine Angestellt<u>e</u>
Dat.	dem Angestellt<u>en</u>	einem Angestellt<u>en</u>	der Angestellt<u>en</u>	einer Angestellt<u>en</u>
Gen.	des Angestellt<u>en</u>	eines Angestellt<u>en</u>	der Angestellt<u>en</u>	einer Angestellt<u>en</u>

Diese Endungen auch bei
der / die Angehörige, Arbeitslose, Bekannte, Deutsche, Erwachsene, Jugendliche, Kranke, Selbständige, Tote, Verlobte, Verwandte, …; der Beamte (*Femininum:* die Beamtin)

⚠ *Vgl. Deklination der Adjektive § 5!*

§ 4 Genitiv bei Ausdrücken mit Possessivartikel und bei Namen

die Frau	von meinem	Bruder	die Frau	mein<u>es</u>	Bruder<u>s</u>
der Mann	von meiner	Schwester	der Mann	mein<u>er</u>	Schwester
die Mutter	von meinem	Kind	die Mutter	mein<u>es</u>	Kind<u>es</u>
die Eltern	von meinen	Eltern	die Eltern	mein<u>er</u>	Eltern

die Frau	von Helmut	Helmut<u>s</u>	Frau
der Mann	von Ingrid	Ingrid<u>s</u>	Mann
das Kind	von Ulrike	Ulrike<u>s</u>	Kind

⚠ *Vornamen auf* -s *oder* -z *kann man mit Apostroph schreiben:* Thoma<u>s’</u> Frau
Beim Sprechen benützt man von + *Name:* die Frau von Thomas

Adjektiv

§ 5 Artikelwort + Adjektiv + Nomen

		nach definitem Artikel			*nach indefinitem Artikel*		
Singular:	*Nominativ*	der	kleine	Mann	ein	kleiner	Mann
		die	kleine	Frau	eine	kleine	Frau
		das	kleine	Kind	ein	kleines	Kind
	Akkusativ	den	kleinen	Mann	einen	kleinen	Mann
		die	kleine	Frau	eine	kleine	Frau
		das	kleine	Kind	ein	kleines	Kind
	Dativ	dem	kleinen	Mann	einem	kleinen	Mann
		der	kleinen	Frau	einer	kleinen	Frau
		dem	kleinen	Kind	einem	kleinen	Kind
	Genitiv	des	kleinen	Mannes	eines	kleinen	Mannes
		der	kleinen	Frau	einer	kleinen	Frau
		des	kleinen	Kindes	eines	kleinen	Kindes

Diese Formen auch nach	*Diese Formen auch nach*
dieser, diese, dieses jeder, jede, jedes; alle	kein, keine mein, meine; dein, deine; …

Plural:	*Nominativ*	die	kleinen	Leute	kleine	Leute
	Akkusativ	die	kleinen	Leute	kleine	Leute
	Dativ	den	kleinen	Leuten	kleinen	Leuten
	Genitiv	der	kleinen	Leute	kleiner	Leute

Diese Formen auch nach
diese
alle
keine
meine; deine; seine; …

§ 6 Adjektive mit besonderen Formen

Das Kleid ist	teuer.	–	Das ist ein	teures	Kleid.
Der Wein ist	sauer.	–	Das ist ein	saurer	Wein.
Der Rock ist	dunkel.	–	Das ist ein	dunkler	Rock.
Ihre Stirn ist	hoch.	–	Sie hat eine	hohe	Stirn.

§ 7 Steigerung des Adjektivs

	Adjektiv als Ergänzung zum Verb sein		*Artikel + Adjektiv + Nomen*		
	Der Opel ist	schnell.	Der Opel ist	ein schnell es	Auto.
Komparativ	Der Fiat ist	schnell er.	Der Fiat ist	das schnell er e ein schnell er es	Auto. Auto.
Superlativ	Der Renault ist	am schnell st en	Der Renault ist	das schnell st e	Auto.

§ 8 Vergleiche

a) Ohne Steigerung

Der Opel ist	so schnell	wie	der Ford.	so + *Adjektiv* + wie
Der Opel ist	genauso schnell	wie	der Ford.	
Der Opel ist	fast so schnell	wie	der Ford.	
Der Opel ist	nicht so schnell	wie	der Ford.	
Der Opel ist	nicht so schnell,	wie	der Verkäufer gesagt hat.	

b) Mit Steigerung (Komparativ)

Der Fiat ist		schneller	als	der Opel.	*Adjektiv im Komparativ* + als
Der Fiat ist	etwas	schneller	als	der Opel.	
Der Renault ist	viel	schneller	als	der Opel.	
Der Fiat ist	nicht	schneller	als	der Renault.	
Der Renault ist	viel	schneller,	als	der Verkäufer gesagt hat.	

§ 9 Ordinalzahlen

der 1. Mai	der	erste	Mai	*Endungen: wie die Adjektivendungen, siehe § 5!*
die 2. Stelle	die	zweite	Stelle	
das 3. Kind	das	dritte	Kind	
Ulm, den 4. Juni	den	vierten	Juni	
im 5. Lebensjahr	im	fünften	Lebensjahr	
am 6. August	am	sechsten	August	
im 7. Monat	im	siebten	Monat	
…				

der 20. Mai	der	zwanzig ste	Mai
am 21. Juni	am	einundzwanzig sten	Juni
sein 100. Kunde	sein	hundert ster	Kunde
die 101. Frage	die	hunderterste	Frage
das 1000. Mitglied	das	tausend ste	Mitglied

Pronomen

§ 10 Reflexivpronomen

Akkusativ

Ich	ärgere	mich	über die Sendung.
Du	ärgerst	dich	
Sie	ärgern	sich	
Er	ärgert	sich	
Sie	ärgert	sich	
Es	ärgert	sich	
Wir	ärgern	uns	
Ihr	ärgert	euch	
Sie	ärgern	sich	
Sie	ärgern	sich	

Er ärgert sich.
≠ Er ärgert ihn.

Dativ

Ich	kaufe	mir	einen Fernseher.
Du	kaufst	dir	
Sie	kaufen	sich	
Er	kauft	sich	
Sie	kauft	sich	
Es	kauft	sich	
Wir	kaufen	uns	
Ihr	kauft	euch	
Sie	kaufen	sich	
Sie	kaufen	sich	

Er kauft sich einen Fernseher.
≠ Er kauft ihm einen Fernseher.

§ 11 Reziprokpronomen

Sie besucht	ihn.	Er besucht	sie.	→	Sie besuchen	sich.
Sie hilft	ihm.	Er hilft	ihr.	→	Sie helfen	sich.

Weitere Verben mit Reziprokpronomen:

sich anschauen, sich ansehen, sich kennen lernen, sich lieben, sich treffen, sich wünschen …

§ 12 Präpositionalpronomen (Pronominaladverbien)

bei Sachen:
Worüber ärgerst du dich?
Ich ärgere mich über den Film.
Ich ärgere mich darüber.

bei Personen:
Über wen ärgerst du dich?
Ich ärgere mich über den Moderator.
Ich ärgere mich über ihn.

	Fragewort: wo + *Präposition*	*Pronomen* da + *Präposition*	*Präposition* + *Fragewort*	*Präposition* + *Pronomen*
für:	wofür?	dafür	für wen?	für ihn / für sie
mit:	womit?	damit?	mit wem?	mit ihm / mit ihr
…				
auf:	worauf?	darauf?	auf wen?	auf ihn / auf sie
über:	worüber?	darüber	über wen?	über ihn / über sie

Verben mit Präpositionalergänzung: siehe §§ 34 und 35.

§ 13 Relativpronomen

Nom.	Der Fluss,	der durch den Bodensee fließt,	heißt Rhein.	Der Fluss fließt…
Akk.		den wir einmal gesehen haben,		Den Fluss haben wir…
Dat.		in dem ich geschwommen bin,		In dem Fluss bin ich…
Gen.		dessen Ufer ich so schön finde,		Das Ufer des Flusses…
		Relativ-pronomen		*Zum Vergleich: definiter Artikel*

	Maskulinum	*Femininum*	*Neutrum*	*Plural*
	Der Fluss,	Die Insel,	Das Gebirge,	Die Städte,
Nominativ	der…	die…	das…	die…
Akkusativ	den…	die…	das…	die…
Dativ	dem…	der…	dem…	denen…
Genitiv	dessen…	deren…	dessen…	deren…

mit Präposition:

	Der Fluss,	Die Insel,	Das Gebirge,	Die Städte,
Akkusativ	durch den…	durch die…	durch das…	durch die…
Dativ	von dem…	von der…	von dem…	von denen…

§ 14 Ausdrücke mit „es“

a) es *als Personalpronomen*

Das Klima des Regenwaldes ist heiß und feucht.
Es ist für Pflanzen ideal.
Aber für den Menschen ist es sehr ungesund.

es *ist hier Personalpronomen für* das Klima des Regenwaldes.

b) es *als unpersönliches Pronomen:*

In Wetterangaben:	*In unpersönlichen Ausdrücken:*
Es regnet.	Es stimmt, dass…
Es ist heute sehr kalt.	Es ist gut / schlecht / schade /…, dass…
Morgen schneit es vielleicht.	Es dauert…
	Es gibt…
	Es geht.

es *ist hier unpersönliches Pronomen und steht nicht für ein Nomen.*

Präpositionen

§ 15 Kasus bei Präpositionen

Wechselpräpositionen		*Präpositionen mit Akkusativ*		*Präpositionen mit Dativ*		*Präpositionen mit Genitiv*	
an	+ *Akk.*	bis	+ *Akk.*	aus	+ *Dativ*	während	+ *Genitiv*
auf	*oder*	durch		außer		wegen	*(in der*
hinter	+ *Dativ*	für		bei			*Umgangs-*
in		gegen		mit			*sprache*
neben		ohne		nach			*auch mit*
über		um		seit			*Dativ)*
unter				von			
vor				zu			
zwischen							

§ 16 Lokale und temporale Bedeutungen von Präpositionen

Lokale Funktionen		*Temporale Funktionen*	
Wo?	an, auf, bei, hinter, in, neben, über, unter, vor, zwischen + *Dativ*	Wann?	gegen, um + *Akkusativ* in, nach, vor, zwischen + *Dativ* während + *Genitiv*
	an der Wand, auf dem Dach, beim Regal, …		gegen Mittag, um 19.30 Uhr in einer Stunde, nach zwei Tagen, vor sieben Uhr, zwischen zwölf und halb eins während der Pause
Wohin?	an, auf, gegen, hinter, in, neben, über, unter, vor, zwischen + *Akkusativ* nach, bis (nach), zu, bis zu + *Dativ*	Wie lange?	über + *Akkusativ* bis, seit, von … bis (zu), + *Dativ*
	an die Wand, auf das Dach, … nach Bern, bis Genf, zum See, bis zur Brücke		über eine Stunde (noch) bis halb vier, (schon) seit gestern, vom Montag bis zum Mittwoch / von Montag bis Mittwoch
Woher?	aus, von + *Dativ*		
	aus der Schweiz, vom Bodensee		
auf welchem Weg?	durch, über, um (… herum) + *Akk.*		
	durch Bonn, über München, um die Stadt herum		

§ 17 Zeitausdrücke im Akkusativ ohne Präposition

Hier regnet es jeden Tag.
Das dauert den ganzen Tag.

Wann?		Wie oft?	Wie lange?	
diesen	Monat	jeden Tag	den ganzen	Tag
letzten		alle drei Minuten	einen	
vorigen				
nächsten				

§ 18 Adjektive und Nomen mit Präpositionalergänzungen

dankbar sein gut sein typisch sein eine Demonstration ein Streik Zeit	für *Akkusativ*
eine Demonstration ein Streik	gegen *Akkusativ*

enttäuscht sein froh sein glücklich sein eine Diskussion ein Gespräch eine Information ein Vertrag	über *Akkusativ*

Verben mit Präpositionalergänzung: siehe §§ 34 und 35.

Verb

§ 19 Präteritum

a) Schwache Verben, Modalverben, unregelmäßige Verben

		Trennbare Verben	*Verbstamm auf -t- / -d-*	
	sagen	abholen	arbeiten	baden
ich	sagte	holte … ab	arbeitete	badete
du	sagtest	holtest … ab	arbeitetest	badetest
Sie	sagten	holten … ab	arbeiteten	badeten
er / sie / es	sagte	holte … ab	arbeitete	badete
wir	sagten	holten … ab	arbeiteten	badeten
ihr	sagtet	holtet … ab	arbeitetet	badetet
Sie	sagten	holten … ab	arbeiteten	badeten
sie	sagten	holten … ab	arbeiteten	badeten

ich	-te
du	-test
Sie	-ten
er / sie / es	-te
wir	-ten
ihr	-tet
Sie	-ten
sie	-ten

Modalverben

	wollen	sollen	können	dürfen	müssen
ich	wollte	sollte	konnte	durfte	musste
du	wolltest	solltest	konntest	durftest	musstest
er / sie / es	wollte	sollte	konnte	durfte	musste
wir	wollten	sollten	konnten	durften	mussten
ihr	wolltet	solltet	konntet	durftet	musstet
sie / Sie	wollten	sollten	konnten	durften	mussten

Unregelmäßige Verben

	kennen	denken	bringen	wissen	werden	mögen	haben
ich	kannte	dachte	brachte	wusste	wurde	mochte	hatte
du	kanntest	dachtest	brachtest	wusstest	wurdest	mochtest	hattest
er / sie / es	kannte	dachte	brachte	wusste	wurde	mochte	hatte
wir	kannten	dachten	brachten	wussten	wurden	mochten	hatten
ihr	kanntet	dachtet	brachtet	wusstet	wurdet	mochtet	hattet
sie / Sie	kannten	dachten	brachten	wussten	wurden	mochten	hatten

auch nennen

b) Starke Verben

			Trennbare Verben	*Verbstamm auf -t- / -d-*	
	kommen	sein	anfangen	tun	stehen
ich	kam	war	fing … an	tat	stand
du	kamst	warst	fingst … an	tatest	standest
Sie	kamen	waren	fingen … an	taten	standen
er / sie / es	kam	war	fing … an	tat	stand
wir	kamen	waren	fingen … an	taten	standen
ihr	kamt	wart	fingt … an	tatet	standet
Sie	kamen	waren	fingen … an	taten	standen
sie	kamen	waren	fingen … an	taten	standen

ich	-
du	-st
Sie	-en
er/sie/es	-
wir	-en
ihr	-t
Sie	-en
sie	-en

Unregelmäßige und starke Verben:

Die Form für Präteritum finden Sie in der alphabetischen Wortliste auf den Seiten 150 bis 160 vor der Perfektform des Verbs:
kommen *(Dir)* kam, ist gekommen

§ 20 Konjunktiv II

Konjunktiv II:

Möglichkeit, Wunsch; Realität				*Zum Vergleich: Präsens: Realität*
Er	würde	nach Hause	kommen.	Er kommt nach Hause.
Er	würde	gern Theater	spielen.	Er spielt gern Theater.
Er	würde	sie	abholen.	Er holt sie ab.
Sie	wäre	glücklich.		Sie ist glücklich.
Sie	hätte	keine Probleme.		Sie hat keine Probleme.
Sie	könnte	ihn	einladen.	Sie kann ihn einladen.

	sein	haben	können	dürfen	müssen	sollen	wollen
ich	wäre	hätte	könnte	dürfte	müsste	sollte	wollte
du	wärst	hättest	könntest	dürftest	müsstest	solltest	wolltest
er / sie / es	wäre	hätte	könnte	dürfte	müsste	sollte	wollte
wir	wären	hätten	könnten	dürften	müssten	sollten	wollten
ihr	wärt	hättet	könntet	dürftet	müsstet	solltet	wolltet
sie / Sie	wären	hätten	könnten	dürften	müssten	sollten	wollten
⚠ *Vgl. Präteritum:* ich	war	hatte	konnte	durfte	musste	sollte	wollte

Andere Verben: würde + *Infinitiv*

	sagen	kommen	abholen
ich	würde ... sagen	würde ... kommen	würde ... abholen
du	würdest ... sagen	würdest ... kommen	würdest ... abholen
er / sie / es	würde ... sagen	würde ... kommen	würde ... abholen
wir	würden ... sagen	würden ... kommen	würden ... abholen
ihr	würdet ... sagen	würdet ... kommen	würdet ... abholen
sie / Sie	würden ... sagen	würden ... kommen	würden ... abholen

§ 21 Passiv

Passiv:	werden	+	*Partizip II*
Der Motor	wird		geprüft.
Das Blech	wird	von Robotern	geschnitten.
↑ *Subjekt*			

Zum Vergleich: Aktiv		
Man	prüft	den Motor.
Roboter	schneiden	das Blech.
↑ *Subjekt*		↑ *Akkusativergänzung*

	Präsens		*Präteritum*	
ich	werde	geholt	wurde	geholt
du	wirst	geholt	wurdest	geholt
er / sie / es	wird	geholt	wurde	geholt
wir	werden	geholt	wurden	geholt
ihr	werdet	geholt	wurdet	geholt
sie / Sie	werden	geholt	wurden	geholt

⚠ werden ≠ werden:

Peter wird Lehrer.	werden + *Nomen*
Der Motor wird lauter.	werden + *Adjektiv*
Sabine würde kommen, wenn ...	würde + *Infinitiv = Konjunktiv II*
Der Motor wird geprüft.	werden + *Partizip II = Passiv*

Satzstrukturen

§ 22 Struktur des Nebensatzes

	Junktor	*Vorfeld*	*Verb₁*	*Subj.*	*Erg.*	*Ang.*	*Ergänzung*	*Verb₂*	*Verb₁ im Nebensatz*
Hauptsatz:		Sabine	möchte				Fotomodell	werden,	
Nebensätze:	weil			sie		dann	viel Geld		verdient.
	weil			sie		dann	schöne Kleider	tragen	kann.
	weil			Gabi	ihr		diesen Beruf	empfohlen	hat.

↑ *Subjunktor*

§ 23 Nebensatz im Vorfeld

	Junktor	*Vorfeld*	*Verb₁*	*Subj.*	*Erg.*	*Ang.*	*Ergänzung*	*Verb₂*	*Verb₁ im Nebensatz*
Hauptsatz:		Sabine	will				viel Geld	verdienen.	
Nebensatz:	Weil			sie			viel Geld	verdienen	will,
Hauptsatz:			möchte	sie			Fotomodell	werden.	
Nebensatz:	Obwohl			sie			viel Geld		verdient,
Hauptsatz:			ist	sie			unzufrieden.		

§ 24 Subjunktoren

als	Der Wagen ist schneller, als der Verkäufer gesagt hat.
bevor	Bevor Herr Bauer Rentner wurde, hatte seine Frau ein Auto.
bis	Peter muss noch ein Jahr warten, bis er sein Abitur hat.
damit	Herr Neudel wandert aus, damit die Familie besser leben kann.
dass	Ich weiß, dass dein Mann Helmut heißt.
ob	Er fragt, ob er eine Arbeitserlaubnis braucht.
obwohl	Sie ist zufrieden, obwohl sie nicht viel Geld verdient.
seit	Seit seine Frau tot ist, lebt er ganz allein.
während	Während es in der DDR wirtschaftliche Probleme gab, entwickelte die BRD sich schnell.
weil	Gabi möchte Sportlerin werden, weil sie die Schnellste in der Klasse ist.
wenn	Wenn du mit mir gehen würdest, dann wärst du nicht mehr allein.
wie	Das Auto ist nicht so schnell, wie der Verkäufer gesagt hat.

§ 25 Nebensatz mit „dass“

	Junktor	Vorf.	Verb_1	Subj.	Erg.	Angabe	Ergänz.	Verb_2	Verb_1 im Nebensatz
Hauptsätze:		Ich	weiß,						
		er	heißt				Helmut.		
		Ich	glaube,						
		sie	hat		ihn	im Urlaub		kennen gelernt.	
Nebensätze:			Stimmt	es,					
	dass			sie				geheiratet	hat?
		Ich	weiß,						
	dass			er			Helmut		heißt.
		Ich	glaube,						
	dass			sie	ihn	im Urlaub		kennen gelernt	hat.

Verben vor einem dass-*Satz oder einem Hauptsatz:*

sagen, wissen, gehört haben, der Meinung sein, meinen, glauben, hoffen, überzeugt sein, finden

⚠ *Nur vor einem* dass-*Satz:*

dafür sein, dagegen sein

§ 26 Indirekter Fragesatz

a) Indirekte Wortfrage (mit Fragewort)

	Vorfeld	Verb_1	Subj.	Angabe	Ergänzung	Verb_2	Verb_1 im Nebensatz
Direkte Wortfrage:	Wie viel	verdient	man	in Peru?			
Indirekte Wortfrage:	Ich	möchte		gern		wissen,	
	wie viel		man	in Peru			verdient.
Direkte Wortfrage:	Wie	kann	man	dort	ein Stelle	finden?	
Indirekte Wortfrage:	Ich	weiß		nicht,			
	wie		man	dort	eine Stelle	finden	kann.

§ 33 Unbetonte Dativergänzung und Akkusativergänzung: Reihenfolge im Satz.

Vorfeld	*Verb₁*	*Subj.*	*Ergänzung*			*Ang.*	*Ergänzung*	*Verb₂*
Ich	brauche					morgen	das Werkzeug.	
	Kannst	du		mir	das Werkzeug	morgen		bringen?
	Kannst	du		mir	das	morgen		bringen?
	Kannst	du	es	mir		morgen		bringen?
	Kannst	du		deinem Vater	das Werkzeug	morgen		bringen?
Ich	bringe			dir	das Werkzeug	morgen.		
Ich	bringe		es	dir		morgen.		
Morgen	bringe	ich		dir	das.			

Akkusativ: Personalpronomen	*Dativ (Nomen oder Pronomen)*	*Akkusativ: Nomen oder Definitpronomen*
1	*2*	*3*

Verben und Ergänzungen

§ 34 Verben mit Präpositionalergänzung + Akkusativ

	An wen? Woran?	denken (sich) gewöhnen glauben	An wen denkt sie? Woran gewöhnt er sich? Woran glaubt sie?
	Auf wen? Worauf?	aufpassen sich freuen	Auf wen passt sie auf? Worauf freut er sich?

Weitere Verben mit auf + *Akk.*: hoffen, sich verlassen, sich vorbereiten, warten

	Für wen? Wofür?	sich entschuldigen sich interessieren	Wofür hat er sich entschuldigt? Für wen interessiert sie sich?
Was? Wen?	Für wen? Wofür?	ausgeben brauchen	Für wen gibt er was aus? Wofür braucht sie was?
Wem	Wofür?	danken	Wem dankt er wofür?

Weitere Verben mit für + *Akk.*: demonstrieren, gelten, sein, sorgen, sparen, streiken

Gegen wen? Wogegen?	demonstrieren sein streiken	Wogegen demonstriert er? Für wen ist das? Wogegen streikt sie?
Über wen? Worüber?	sich freuen nachdenken sprechen	Worüber freut er sich? Worüber denkt sie nach? Über wen sprechen sie?

Weitere Verben mit über + *Akk.*: sich ärgern, sich aufregen, sich beschweren, diskutieren, sich informieren, klagen, lachen, schimpfen, sich unterhalten, weinen

Um wen? Worum?	bitten sich kümmern (gehen:) es geht	Worum hat er gebeten? Worum will sie sich kümmern? Worum geht es?

§ 35 Verben mit Präpositionalergänzung + Dativ

	Bei wem?	sich entschuldigen	Bei wem entschuldigt sie sich?
Wem?	Wobei?	helfen	Wem hat sie wobei geholfen?
	Mit wem? Womit?	anfangen sprechen	Womit fängt er an? Mit wem hat er gesprochen?
Wen? Was?	Mit wem? Womit?	vergleichen	Wen vergleicht sie mit wem? Was vergleicht er womit?

Weitere Verben mit mit + *Dativ:* aufhören, beginnen, spielen, telefonieren, sich unterhalten

Nach wem? Wonach?	fragen suchen	Nach wem hat sie gefragt? Wonach sucht er?
Von wem? Wovon?	erzählen sprechen	Wovon erzählt sie? Von wem spricht er?

Wen?	Vor wem? Wovor?	warnen	Wovor hat sie wen gewarnt?
	Zu wem? Wozu?	gehören	Zu wem gehört er? Wozu gehört das?

Quellenverzeichnis

Seite 17: Foto: Franco Zehnder, Leinfelden-Echterdingen; *Text:* STERN – Michael Ludewigs
Seite 22: Reza Bönzli, Reichertshausen
Seite 36: Foto links: Peter Rollepatz, Neuwied; *Fotos rechts:* © Manfred Mothes / Superbild
Seite 37: A, C: IFA-Bilderteam, München (UPA, West Stock); *B, F:* Taurus Film, Unterföhring; *D:* Dagmar März, München; *E:* Interfoto, München (F. Rauch)
Seite 38: Fotos links und rechts: Taurus Film, Unterföhring; *Foto Mitte:* Interfoto, München
Seite 43: BRIGITTE – *Foto:* Jörg Jochmann; *Text:* Gabriele Birnstein
Seite 48: von links: Fiat, Renault, Adam Opel AG, Ford-Werke
Seite 52: Volkswagen Foto-Service
Seite 53: Adam Opel AG
Seite 57: Globus-Kartendienst, Hamburg
Seite 67: Fotos oben: Archiv für Kunst und Geschichte, Berlin; *unten links:* H. Hiereth, Ismaning; *unten rechts:* Dieter Rauschmayer, Vaterstetten
Seite 68/69: R. Sennewald, Krummbek
Seite 74: A, B, D, E: Interfoto, München (Erik Liebermann, Lemonnier, Stede, Fritz Prenzel); *C:* Mauritius, Mittenwald (Thonig)
Seite 75: Wetteramt München
Seite 81: dpa *(von oben:* Rauchwetter, Tschanz-Hofman, Weihs)
Seite 88: Bavaria-Verlag, Gauting (Kappelmeyer)
Seite 91: Bistro: Interfoto (Kay Sommer); *Florenz:* Erna Friedrich, Ismaning; *London:* © Woodmansterne Ltd., Watford
Seite 95: Globus Kartendienst, Hamburg
Seite 99: 1: dpa (Wörner); *3:* Keystone Pressedienst, Hamburg; *5:* dpa (Tschauner)
Seite 100: dpa (AF, Büttner, Thelen, Weissbrod, Obertreis, EP)
Seite 102: Bundeswappen: Bundesminister des Inneren, Bonn; *16 Länderwappen:* Interfoto, München
Seite 104: oben: Süddeutscher Verlag Bilderdienst; *unten:* dpa (Kumm)
Seite 105: oben: Keystone, Hamburg
Seite 106: Menschen auf der Mauer: dpa; *alle anderen:* Keystone, Hamburg
Seite 107: links oben: Keystone; *alle anderen:* dpa (Baum, Holzschneider, Hoffmann)
Seite 112: roebild, Frankfurt a. M.
Seite 113: links: Statistisches Bundesamt; *rechts:* Globus-Kartendienst
Seite 116: Mit freundlicher Genehmigung durch Frau und Herrn Gernandt
Seite 117: oben: kleines Foto: mit freundlicher Genehmigung durch Frau und Herrn Manhart, Lohhof; *großes Foto:* Ch. Burchardt, Lohhof; *Fotos unten:* Mit freundlicher Genehmigung durch Frau und Herrn Bauer, Ismaning
Seite 122: Rilke, „Herbsttag“, aus: Werke in 3 Bänden, © Insel Verlag, Frankfurt a.M., 1966; Brecht, „Der Rauch“, aus: Gesammelte Werke, © Suhrkamp Verlag, Frankfurt a.M. , 1967; Hesse, „Vergänglichkeit“, aus: Die Gedichte, © Suhrkamp Verlag, Frankfurt a.M. 1977
Seite 125: Bettina Böhmer, München
Seite 126/127: Anna Wimschneider, „Herbstmilch“, © Piper Verlag, München
Seite 128: Taurus Film, Unterföhring

Übrige Fotos: Jutta Müller, Jührdenerfeld (S. 18, 24, 63, 83); Werner Bönzli, Reichertshausen (S. 8, 11, 13, 28, 30 rechts, 31, 32, 42 unten, 66, 107 unten, 110, 122, 123, 124); Christian Regenfus, München (S. 29, 30 links, 40, 42 oben, 45, 49, 55, 56, 62, 86, 90, 91, 93, 94, 99 Nr. 2, 4, 6 und 7, 103, 119)

Alphabetische Wortliste

aus·ziehen $sich_A$; $sich_D$/jmd_D *die Kleider* zog aus, hat ausgezogen 110, 111, 127
e/r Auszubildende (ein Auszubildender), -n 63
s Autohaus, ¨er 53
r Automatenbau 31
automatisch 52
automatisiert 94
r Automechaniker, - 30, 54
e Automechanikerin, -nen 54
e Autorin, -nen 124

s Baby, -s 63, 100
r Bach, ¨e 36
e Badewanne, -n 126
baldig- 32
e Ballerina, Ballerinen 23
s Ballett 35
e Band, -s 119
r Bart, ¨e 43
r Bau 104
r Bauernhof, ¨e 24, 25, 125, 126, 127
e Bauersfrau, -en 128
r Baukasten, ¨ 122
r Baum, ¨e 41, 74, 75, 122, 123
r Bausparvertrag, ¨e 57
bayerisch 126
e Beamtin, -nen 63
beantragen etw_A *(Sit)* 86, 87, 95
bedeckt 75
bedeuten etw_A 41, 91, 119, 128
e Bedeutung, -en 94
e Bedienung, -en 91
e Bedingung, -en 112
s Bedürfnis, -se 113
beeilen $sich_A$ 114
r Befehl, -e 127
befragen jmd_A *(über* etw_A*)* 33
befreundet 103, 128
r Beginn 105
beginnen *(mit* etw_D*)* begann, hat begonnen 29, 38, 52, 95
begleiten jmd_A 101
begrüßen jmd_A/etw_A 101
r Behälter, - 82
behaupten etw_A 72
e Behörde, -n 107
behutsam 41
bei·bringen jmd_D etw_A brachte bei, hat beigebracht 126
beinahe 106
Beisein: in meinem Beisein 126
bei·treten etw_D tritt bei, trat bei, ist beigetreten 104
e Belletristik 125
e Bemerkung, -en 27
benutzen etw_A 42, 74, 82
r Berater, - 62
r Bergsteiger, - 36
beruflich 63
s Berufsleben 93
e Berufsschule, -n 26
e Berufswahl 33
bescheiden 12
beschließen etw_A beschloss, hat beschlossen 101
r Beschluss, Beschlüsse 101
beschweren $sich_A$ *(über* etw_A*)* 43, 51, 88, 94, 110
besetzt 34, 62
e Besitzerin, -nen 92
besonder- 113
bestimmen *über* etw_A 24, 75, 91, 102, 104
r Bestseller, - 124, 125
betreuen jmd_A/etw_A 112, 119
r Betreuer, - 27
r Betrieb, -e 31, 66
s Betriebsklima 31
s Betttuch, ¨er 86, 89
bevor 114
bewegen etw_A 34
bewegt 106
e Bewegung, -en 34
bewerben $sich_A$ *um* etw_A *(Sit)* bewirbt, bewarb, hat beworben 31, 32
e Bewerbung, -en 29, 30, 31, 32
r Bewohner, - 38, 112
bewusst 81
e Bezeichnung, -en 54
e Bibel 128
bilden etw_A 62, 101
e Bildung 37
s Bildwörterbuch, ¨er 77
e Bindung, -en 104, 105
e Biologie 27
biologisch 82, 124
e Biotonne, -n 82
r Bistrobesitzer, - 91
e Bitte, -n 112
bitten jmd_A *um* etw_A bat, hat gebeten 40, 127
bitterlich 127
s Blatt, ¨er 89, 123
s Blech, -e 52, 53, 81
bleiben *bei* etw_D blieb, ist geblieben 42
r Bleistift, -e 89, 115
blond 7, 8, 12, 13, 15
e Bluse, -n 7, 13, 15
s Blut 126
e Bodenstation, -en 38
s Boot, -e 122
r Boxer, - 23
braun 10, 11, 13
e Bremsbacke, -n 51
e Bremse, -n 49, 86
s Bremslicht, -er 49, 53
e Briefmarke, -n 89
r Briefumschlag, ¨e 99
r Bruder, ¨ 15, 24, 25, 28, 61, 71
brutto 33, 54, 55, 56
r Bruttolohn, ¨e 57
r Bub, -en 126
r Buchautor, -en 107
e Buchhändlerin, -nen 91, 92
r Bund 102
r Bundesadler 97
r Bundeskanzler, - 22, 97, 101, 102
r Bundespräsident, -en 101, 102
r Bundesrat 101, 102, 103
r Bundestag 97, 101, 102, 103
e Bundestagspräsidentin, -nen 97
r Bürgerkrieg, -e 100
r Bürgermeister, - 106
r Bürokaufmann, Bürokaufleute 24, 25, 63, 66
bürokratisch 92
e Bürste, -n 115
r Busfahrer, - 92

C: °C = s Grad Celsius 74, 76
ca. 31
e Checkliste, -n 86, 87
e Chefsekretärin, -nen 31, 32, 33
chemisch 81
s Chlor 84
r Chor, ¨e 36
christlich 101
e City, Cities 112
r Clown, -s 9
Co. 31, 32
r Container, - 82, 83
r Cousin, -s 71
e Cousine, -n 71
r Cowboy, -s 23
e Crew, -s 38

da drüben 120
dabei haben etw_A 86, 88
dabei sein 116
dafür 17, 39, 55
dafür sein 64, 89
dagegen sein 64, 89
daheim 127
damalig- 104, 105
damals 70, 116
e Dame, -n 32, 44, 118, 119
damit 38, 81, 101, 105, 114
e Dämmerung 126
dankbar 106
danken jmd_D *(für* etw_A*)* 51, 110
da sein 93, 110
dass 41
Daten (Plural) 105
dauernd 61, 62
r Demokrat, -en 101
e Demokratie, -n 103, 107
demokratisch 104
e Demonstration, -en 100, 105
demonstrieren *für/gegen* etw_A 99